評言社MIL新書

クオールの挑戦

百萬塔に込めた医療人の想い

中村　勝

Masaru NAKAMURA

JN121080

015

評言社

はじめに

日本は非常によい国だ。人口が1億2000万人もいながら、平均寿命は80歳を超えている。こんな小さな島国がどうして世界一の長寿国になったのだろうか。それはやはり医療制度と国民皆保険制度が整っているからだろう。いつでも誰でも平等に医療が受けられる国は、そう多くない。例えば海外旅行に行く際に私が最も心配するのは、現地で病気になったらどうしようか、ということだ。だから慎重に加入する保険を吟味する。無保険だったら日本円にして数十万円、場合によっては数百万円もかかる可能性があるからだ。日本にいる限りは、こういった心配は無用である。いろいろな問題は起きてはいるが、日本の医療制度は本当に素晴らしい。

それと、日本の医師、看護師、薬剤師、医療を支える皆さんは、患者想いで家族想いの人が多い。ドキュメンタリー番組などをご覧になった方もいるだろうが、手術を終えて患者の家族のもとに歩み寄り涙を流すような医療従事者の姿というのは、海外ではあまり考えられないだろう。それほど医師や看護師が、患者とその家族に寄り添う力が強い国なのだ。近年で言えば、終末期医療で延命を断るという話もある。断る選択肢があるのは、延命してもらえる医療制度が整っているからである。

長い人生においては、誰もが幸福と不幸を繰り返すものだと思う。その割合が半々の人もいれば、不幸のほうが大きい人もいるかもしれない。不幸な状況にあると、こんなに不幸なのは自分だけだ、と考えてしまう人もいる。ただ、80歳を過ぎた私があえて言いたいのは、80年の人生の中では、誰もが同じように試練を与えられる時期があったり、幸せを噛み締められる時期があったりする、ということだ。私の父は40歳で亡くなり、母は47歳で亡くなった。そのため私は、学校も就職も結婚も自分自身で決めたし、独立することも自分で決断してきた。相談できる人がいないので、全部自分で決めるしかなかった。だからその後の私は、20歳までに大変な時期は全部終えたのだ、と考えるようになった。あとは幸せに向かって努力して進んでいくしかない、と。

私は人の一生というものに対しては、そのような理解をしておく必要があると思う。幸せな時期もあれば不幸に感じる時期もある。高望みし過ぎてもいけないし、かといって望みを捨ててもいけない。その心構えをきちんと持っていると、大変な時期を乗り越える力になると考えている。大変な時期はずっとは続かない。必ず乗り越えられる。

一方で、自分が持った夢や希望、考えたこと以外は、絶対に実現しない。偶然ということもあるかもしれないが、ほとんどは自分が考えた範囲内のことで実現していくものだ。その望みをどこまで自分が持つかということは、その人次第ではあるが、この判断はすごく大事なことだ。これは人材育成で最も大切に考えなければならないことでもある。

自分の思いを強く持ち、必死になって頑張っていると、いつの間にか周囲を巻き込んでいることに気付くはずだ。必死さがない人間には誰もついてこない。私は50歳でクオールを創業したわけだが、正直に言うと今のような規模になっているとは想像もできなかった。起業時には自宅のローンも終わっていたし、子供たちも大学を卒業して就職していたため、私個人としてはお金に対する執着もあまりなかった。それに、今のようになろうという夢も持ってはいなかった。ただ、一部上場（当時の東京証券取引所市場第一部）企業になり、開かれた会社にするという目標はあった。この目標を掲げたのは、私がサラリーマン時代に勤めていた会社が、オーナー社長による閉ざされた会社だったということが大きい。この件についての詳細は、ぜひ本書をお読みいただきたい。

この本は、50歳で起業した私が、クオールとともに歩んだ30年の間に感じたさまざまなことをまとめたものだ。成功談だけでなく、失敗談もいくつか盛り込んだ。私が起業した頃と同じ年代の方に勇気が湧いてくるような内容と感じていただけると嬉しい。また、医療に携わる皆さんやクオールの社員の皆さん、クオールのビジネスに関わってくださる方々には、クオール創業者の中村勝がこんなことを考えている人間だったのかとあらためて知っていただき、クオールとともに将来の素晴らしい日本の医療界を築いてくれるきっかけにしていただければ、望外の喜びである。

中村　勝

ページ中の注釈は、巻末にまとめて掲載しています。

目次

第1章

百萬塔に見た医療人の「原点」

自らの限界を感じて覚えた不安

クオールの創業は1992年。文字通りゼロから創業し、25周年が見えてきた頃には薬局の数が700店舗ほどに増え、そこで働く薬剤師や医療事務も4000～5000人にまで増えてきていた。さらに事業を拡大していこうという考えを持ってはいたが、創業者である自分の能力や経験、知識だけでそれが実現できるのかと思うようになっていた。医療に関するビジネスでなければ、そこまで考える必要はないのかもしれない。だが、保険薬局というのは患者さまの満足度を前提として成り立つビジネスである。自分の力だけですべてができるとは思えず、大きな不安を感じていた。

私の場合、研修や会議の場でさまざまな話をするケースが多く、また社員に話すことが嫌いではなかった。幹部を集めて話す機会も積極的に設けてきた。ところが今、振り返ってみると、言葉こそ違えども、真に伝えたいことは同じだったのではないかと感じている。私の知識や経験則というのは、やはり限界がきているのではないかということに、私なりに気づいたのだ。だが、会社では私に苦言を呈したりアドバイスしたりする人はなかなかいない。自分自身が置かれている状況を客観的に理解しておかないと、どんなことでも自分でやれると錯覚し、誤った道に進む可能性がある。

私は京都出身ということもあり、京都、大阪、奈良に本拠地がある企業が発展するのはなぜだろうか、と考えた。パナソニック、日本電産（現ニデック）、ワコール、任天堂、京セラなど、社名を挙げればキリがない。いずれも大きく発展して世界的に大活躍している企業ばかりだ。京阪奈エリアにある企業が発展する背景には何があるのか。私なりに出した結論は、仏教との関わり合いがあるのだろう、ということだった。

例えば、パナソニックの創業者・松下幸之助氏の著書には、仏教の教えに基づいた松下氏の哲学が書いてある。もっとはっきりしているのは、京セラの稲盛和夫氏だ。稲盛氏は社長を退いた後、在家得度して修行を重ねた。この修行の経験が、後に日本航空の再建につながったのは間違いないだろう。偉大な先人たちの姿を思い浮かべると、仏教の教えにヒントがあるのではないか。特に天孫降臨神話のある日本のはじまりの地のひとつとされる奈良は、訪れて調べてみる価値がある場所だろうと思った。

偶然が紡いだ百萬塔との出逢い

さらなる自らの成長を求めて、仏教の教えからヒントを得ようとしていた私は、時間が空けば京阪奈エリア、特に奈良県の寺院を積極的に巡っていた。

そんな折にふと思い出したのが百萬塔だった。百萬塔の存在は知っていたが、単なる装飾品という程度の知識しかなかった。これが意味することを調べようと、まずは京都の寺院で聞いて回ったのだが、明確な答えにはたどり着けなかった。仏具店なら百萬塔を販売しているのではないかと思い足を運んでみたが、やはりこれに関する情報はない。「伏見稲荷大社周辺の店なら百萬塔があるかもしれない」という情報を得て、伏見に赴いて同様に探してみたが、百萬塔に出逢うことは叶わなかった。

今度は奈良に行き、百萬塔を販売していそうな古道具店に飛び込んでみた。そこで「百萬塔を探しているのだが」と女性店主に伝えたところ、なんと「ここにあったよ」と言うではないか。偶然とは恐ろしいものだ。その女性店主自身は百萬塔の詳細は知らないとのことだったが、「赤膚焼《あかはだやき》の窯元に行けば詳しい人がいるはずだ」と教えてくれた。そして私は、教えてもらった住所と地図を頼りに、赤膚焼の町へ足を運んだ。

その町では窯元と思しき場所が3軒くらいあり、1軒目の窯元に飛び込んで事情を話したところ、「今は昼休みで対応できない」と冷たくあしらわれてしまった。飛び込みの爺さんへの対応などそんなものだろうと諦めて次に飛び込んだのが、大塩正人窯だった。同じように事情を説明すると、ご主人の大塩正巳氏と、職人として働く中沢直子氏から大歓迎され、工房に招き入れてもらい話を聞いてもらえることになったのだ。

私の話を聞いた大塩さんは「わかりました。協力しましょう」と言ってくれて、ご自身には十分な知識がないからと、私が2回目に訪問した際には、百萬塔の詳細をご存じだという光明寺の住職を呼んでくださり、百萬塔について丁寧に説明していただいた。

百萬塔の原点とは

百萬塔は、764年に称徳天皇が国と民の安寧を願って制作を命じた木製の小塔のことで、100万個制作されたことからこう呼ばれている。

1300年以上前につくられたオリジナルは木製で、一つずつ手作業で掘られたという。百萬塔の中には陀羅尼《だらに》経《きょう》(1)が納められていたのだが、これは世界最古の印刷物とされている。

百萬塔の制作は、その呼び名の通り100万基もの小塔を制作し、10の寺（法隆寺・薬師寺・元興寺・東大寺・西大寺・大安寺・興福寺・川原寺・四天王寺・崇福寺）に10万基ずつ奉納するという国を挙げた大事業だった。当時の日本の人口が500万人くらいだから、ほぼ1世帯に一つ配ったようなものだ。

それにしても100万基を手作業で掘るというのは、途方もない作業だ。今の社会ではまず不可能だろう。

光明寺（奈良）の住職の説明によると、100万基も制作した精神とは、当時天然痘やペストなどの疫病がはやった際に、治療薬もない中で、苦しむ衆生を何とかして救いたいという称徳天皇の想いに他ならないという。

現代ではさまざまな治療薬や治療法があるため、助かることが前提となっており、患者さまの本当の苦しみを思うことが薄れてきている。薬剤師も、ただ薬を渡して終わりではなく、このような精神を持って初めて患者さまに寄り添うことができるのではないだろうか。

私が覚えていた不安に対する答えは、この百萬塔の精神に集約されているように思えてきた。

また、大塩正人窯では、偶然ではあったが運命的とも思える出逢いがあった。それが敷地内に山となって積まれていた土嚢《どのう》袋に入った土だ。赤膚焼で使う赤茶色の粘土とは明らかに異なる色が気になったため、「あの土は何ですか？」と大塩さんに何気なく聞いてみた。

すると、国宝であり世界遺産でもある薬師寺東塔の解体・修復工事の際に取り出した「基壇土」だという。

基壇土とは、今で言えば建物の基礎に使うコンクリートのような役割を果たしていた土だ。1300年以上、薬師寺東塔を支えてきた基壇土は、その役目を終え、一部は地元の陶芸家に託され、大塩正人窯も譲り受けたというのだ。

思いがけない巡り合わせに私は古からの縁を感じずにはいられなかった。

社員に配る25周年の記念品を探していたタイミングでもあったため、次の瞬間には大塩さんに「この薬師寺・東塔の基壇土で、焼き物の百萬塔を再現していただけませんか?」と相談していた。

さすがに大塩さんは即答しなかったが、数日後に「どれくらいの数をつくりたいのでしょうか?」と返事をいただいた。私は少なくとも幹部全員には配りたいと思っていたので、当初「200基くらい」と返答したが、お渡ししたいと思う人が徐々に増えてしまい、最終的には1100基もの制作をお願いしていた。すべて手作りなので大変な作業だということは理解していたが、大塩さんは「なんとかやってみましょう」と引き受けてくださった。

基壇土は粘土ではないため、まずは丁寧にふるいにかけてきれいな土にすることから作業が始まった。

その後、百萬塔を二分割した型に土を押し込み、バリ取りをして成形する。その後乾燥させたら素焼きをして、釉薬《ゆうやく》(2)をかけて本焼成を行う。最後に奈良絵で若草山、童《わらべ》、神鹿《しんろく》(3)、左馬《ひだりうま》(4)の絵付けをし、800℃で焼き付けて完成する。

私は窯元に何度も足を運び、これらの作業を見せてもらったが、大塩さんと中沢さんが百萬塔の制作に本気で向き合ってくださる姿に感激した。

余談だが、優秀な経営者というのは、どんなに小さいこと、たとえそれが遊びでも本気で取り組むものだ。友人関係も含め、本気で向き合っている人でなければ、成功はありえないと思っている。

陀羅尼経の復刻

本気で向き合ってくださった大塩さんからは、とことん本物を追求するよう指南いただいた。

その1つが、塔身に納める陀羅尼経だ。陀羅尼経は解読がほとんどされていないものの、人間の普遍的な願いや祈りが込められているということはわかっているという。称徳天皇の国と民の安寧を願う気持ちが、塔の制作だけでなく、塔身に納める経典(5)にまで込められていたことを知ったとき、私の心は震えた。だからこそ、クオールの百萬塔にも陀羅尼経を納めなければ、百萬塔の本質的な意味を成さないのではないか、と考えていた。

この気持ちを大塩さんに話すと、「せっかくなので陀羅尼経にも徹底的にこだわりましょう」と言ってくださり、京都の伝統木版画工房「竹笹堂」を紹介された。代表の竹中健司氏は、竹中木版の五代目摺師《すりし》だ。竹中さんは、オリジナルと同様に木版印刷によってつくることにこだわり、まずは版木に手で一文字ずつ精巧に彫り込んでいった。版木には1000枚以上の摺りに耐えられるよう、最も硬いといわれる山桜の木が用いられた。掘るのは本当に大変な作業だっただろう。ちなみにこのときに竹中さんに彫ってもらった陀羅尼経の版木は、社員だけでなく多くの訪問客にも見てもらえるよう、本社のエントランスに展示している。

竹中さんは、印画紙にも徹底してこだわった。当時と同じ、防虫効果のあるキハダで染色した、経年変化に強い黄蘗《おうばく》和紙を採用した。もちろん摺りも完全な手作業だ。一文字あたり数ミリというサイズなので、絶妙な力加減が求められる。私も摺りの作業を体験させてもらったが、想像以上に難しく、竹中さんの職人技のすごさを実感した。

竹中さんは、お会いするたびに「歴史と対峙する仕事ができて嬉しい」と言ってくださった。こちらが心配になるほど損得抜きで真剣に取り組んでくださったこともあり、本当に素晴らしい陀羅尼経を百萬塔に納めることができた。

仏の台無し

「仏の台無し」という言葉をご存じだろうか。

仏像は例外なく立派な台座に乗せられており、だからこそ立派に見えることから、基礎がしっかりしていない人に対して「仏の台無しだ」と言う。教育という点で考えると、京阪奈エリアの企業が発展している背景には、各社員の基礎がしっかりしているということがあると思う。

百萬塔を飾る際に下に敷くものは、当初私は紙でもよいと考えていた。ところがこでも大塩さんに「それでは仏の台無しになる。素晴らしい染め物をつくる工房があるから紹介します」と言われて連れていってもらったのが、「ふれ藍工房綿元」だった。

実は、私には藍染に印象深い思い出がある。

娘の大学卒業を記念して着物を贈った際に、藍染の帯を選んだのだ。その帯に藍植物の一覧表が付いていて、帯のどの部分にどの植物の染料が使われているのかが書いてあったのだ。20種類くらいあったと記憶しているが、「藍染とは奥が深いものだ」と感心し、私の心にずっと残っていた。

しかもコーポレートカラーであるクオールブルーを連想できる点も気に入り、百萬塔の敷物は藍染に決めた。

サイズと形状は百萬塔とのバランスを考えて決定し、会社のロゴマークにもある円をイメージして染め抜いたものをつくってもらった。大塩さんの言うとおり、敷物にもこだわって本当によかったと思っている。

全国の社員に直接手渡ししたわけ

こうして本物にこだわって完成した百萬塔だが、私は全国の社員に直接手渡ししたいという想いが強かった。

組織を通じて配布したところで、全く意味がないからだ。ましてや百萬塔など誰も知らないだろう。私だって詳しく知らなかったくらいだ。百萬塔に込められた称徳天皇の想いや、私が大塩さんに依頼して制作した百萬塔に込めた想いを伝えないと意味がない。だから北海道から沖縄まで、全国10箇所15回にわたり、自分の手で社員一人一人に百萬塔を贈った。

全国の社員は、日々仕事で忙しい中でも、百萬塔贈呈のために時間をつくってくれた。その際に百萬塔とは一体何か、そしてクオールの25周年の記念品として百萬塔を制作した理由や私の想いなどを、自分の言葉で伝えることができた。意味を知ったうえで百萬塔を手にした社員は、本当に喜んでくれた。

特にM&Aによってクオールグループに加わった保険薬局の場合、社名はそのまま残していることもあり、クオールグループの一員として一体感を出しにくい面があった。こういった会社の社員には、百萬塔を手渡す機会に、創業者としてクオールが大切にしていることもあらためて伝えることができた。

その後、グループにはより一層一体感が出てきたように私は思う。

百萬塔を薬師寺に奉納

約2年かけて完成した百萬塔を手に私は薬師寺へ報告にうかがった。そのときに薬師寺の加藤朝胤執事長（当時）から、「百萬塔に込められた想いを忠実に理解したうえで制作なさったのであれば、薬師寺の精神である病気の方に寄り添う心がそこに備わっていることでしょう。薬師如来(6)のあるところにお持ちになってはいかがですか？」との言葉をいただき、奉納式を執り行っていただくことになった。クオールグループ社員の手元にある百萬塔が薬師寺にも納められていることは非常に意味深いものだ。

そもそも薬師寺は、天武天皇が680年に持統天皇の病気平癒を祈願して建立を発願した寺院である。本尊(7)の薬師如来は、大慈によって人々が病気に打ち勝つことを根源としている。薬師寺は、いわば日本の医療の源流なのだ。

奉納式は2018年10月14日に、薬師寺の金堂《こんどう》(8)で執り行われた。私はもちろん、クオールの幹部社員、そして赤膚焼窯元からは、大塩さんと中沢さんも参加してくださった。

式の前には加藤執事長の法話を拝聴する機会があり、現代のように薬もレントゲンもない時代に、けがや病気の人にしてあげられた唯一の方法が〝寄り添う〟ことだったため、「患者さまに〝寄り添う〟ことが医療にとって一番大切です」との言葉をいただいた。この精神の象徴として「大《だい》医《い》王仏《おうぶつ》（9）」の別名を持つ薬師如来の存在があったという。

この奉納式は複数のメディアにもとりあげられて注目を集めたが、日本の医療の源流である薬師寺にクオールが百萬塔を奉納できたことは、私にとっては言葉では言い表せないほどの達成感を覚えるものだった。

百萬塔については、構想から制作、私が込めた想い、クオールグループの歩みなどをまとめた記念誌『道標』も制作し、関係各所にお贈りした。その中にはご指導いただいた先輩方やお世話になった医師、メーカーの方も含まれている。

皆様からは異口同音に「よくここに気づいた。まさにこれこそ医療の原点だ」とお褒めの言葉をいただいた。

もし、伏見の古道具店で店主から赤膚焼のことが聞けなければ、また、1軒目に飛び込んだ赤膚焼の窯元でまともな対応をされていたら、クオールの百萬塔は存在しなかったかもしれない。偶然が紡いだ縁に感謝している。

自分で直接視る、聴く

百萬塔の制作にあたっては、私は窯元に何度も足を運んだし、藍染工房や版木の職人さんの工房も何度も訪れた。また、完成した百萬塔は、グループの社員のもとに自分が出向いて直接手渡ししてきた。好奇心が強いという性格もあるが、自分の目で直接視る、自分の耳で直接聴くことほど正確なものはないと思っている。特に医療に関係する会社を運営する以上は、自分で直接視る・聴くというのが非常に重要な要素だ。幹部から情報は上がってくるが、その情報だけですべてをコントロールできると思ったら大きな間違いだ。

にもかかわらず、じっとしている経営者は意外なほど多い。私は自分で動いたほうが楽しいと感じるし、何事にも本気で向き合うことが重要だと思う。

「1＋1＝2」という経営なら誰でも理解できる。それだけでもある程度の成果は出るだろう。だが、経営の本質というのは、それ以外の想像の世界に入っていって行動を起こさないと、大きな成果にはつながらない。

まずはトップの想いがどこにあり、それを実現するために自らが動くということ、そして組織の中で人を育てる力を社内に持ち、実際に育ってくることまで確認できれば、会社がおかしな方向に進むことはない。組織ができておらず、人も育っていないのに部下にばかり発破をかけて、時には怒鳴りつけるようなことをする人もいる。過去を振り返ると、私もそういったことをやらなかったわけではない。だが、私は1人の人間の可能性、行動力による可能性が大きなものだと実感しているから、多くの経営者にはそうあってもらいたいのだ。百萬塔の制作を通じ、私自身もあらためてその重要性を認識したところだ。

第2章

クオリティ・オブ・ライフに込めた想い

幼少期の厳しい体験

私は1942(昭和17)年、満州(現在の中国東北部)の奉天で生まれた。父はこの地で事業を営んでおり、多くの中国の方を雇っていた。だが、1945(昭和20)年の終戦直前に、ソビエト連邦が日ソ不可侵条約を一方的に破って満州に侵攻してきた。ソ連軍から日本人を守るため、満州にいた男性の多くが国境守備隊の一員として銃を手に取り戦地に向かった。父もその1人となり、それが父との今生の別れとなってしまった。

私たちは敗戦によってすべてを失い、日本人と中国人の立場も逆転した。終戦前は中国の方に対し冷たくあたる日本人事業家が多かったため、敗戦により今度は日本人が冷遇される側になったわけだ。母は私を含めて3人の子供たちを連れて日本に帰ろうとしたが、日を追うごとに状況は厳しくなっていく。そんな折に、父の会社で働いていた中国人が安全な場所にかくまってくれて、食料などもたくさん持たせてくれて列車に乗せてくれたのだ。栄養失調や病気で亡くなる子供たちが多い中、私たちは全員無事に日本に戻ることができた。

戦後、母から何度も繰り返し聞かされてきたのは、「あのとき従業員だった中国の人たちが親身になって助けてくれたのは、いつもお父さんが彼らによくしてあげていたからだ」という話だった。父が従業員を家族のようにかわいがり面倒を見ていたからこそ、私たち全員が命を落とすことなく日本に帰ってくることができたのだ。

その母も、幼い私たちを育てるために昼夜を問わず懸命に働いた。その無理がたたったのか、私が中学3年生のときに病に倒れ、47歳で帰らぬ人となった。私は15歳にして両親を失い、家族は兄弟3人だけになってしまった。私はそのときから、進学する高校や就職先、そして1人で上京することなども、すべてを自分自身で決めてきた。

こんな厳しい幼少期を過ごしたこともあり、社会人になった頃には、これからは幸せに向かって進んでいこう。努力さえすればどうとでも道を切り開けるものだ、と考えるようになっていた。

クオールの創業は前職での社長との対立が契機

上京した私は医薬品卸の会社で働くようになり、40歳を過ぎた頃には営業本部長という立場になっていた。業績も悪くなく、上司や同僚、部下にも恵まれ、周囲からは順風満帆のように見えていたに違いない。ところが1点だけ不安な要素があった。当時の社長は80歳を過ぎていたにもかかわらず、後継者を明らかにしていなかったのだ。

当時、取引先の医薬品メーカーは、無担保で商品を供給してくれていた。つまり信用だけで商売をしてくれていたわけだ。あるとき、取引先の医薬品メーカーの担当者から、「おたくの社長はずいぶん高齢になってきたけど、後継者は決めているのか？もし後継者を決める前に急病や事故で亡くなってしまったら、その後の会社はどうなるのか？信用で取引している医薬品メーカーの立場としては、その点が不透明だと不安だ。ぜひ、中村さんから社長に話してくれないか」と相談された。その時の私の本心は、「そんなものは自分の仕事じゃない」である。当時の私は給料をもらって働くサラリーマンだ。オーナー社長にそんな話などできるわけがないと思うのも当然ではないか。

だが、その担当者は、私に会うたびに同じ話をする。たしかに医薬品メーカーの立場になって考えてみれば、不安に思うのもよく理解できる。

そこで社長に時間をつくってもらい、ホテルの一室を借りて会社の将来について話すことにした。それにしてもデリケートな話題である。まずは私に野心などないこと、社長を否定するわけではないということを伝えたうえで、「会社の将来を考えると、そろそろ後継者を明確にしたほうがよい時期に来ていると思います」と話した。私の話を聞いた社長は「中村君の言うとおりだ。私もよくわかっている。今ここで即答するわけにはいかないから、少しだけ時間をくれ」ということになった。

その声を聞けて安心したものの、何カ月たっても社長は何も言わない。さすがにこれはまずいと思い、前回と同様にホテルの一室を借りて話をすることになった。すると社長は開口一番「君にそんなことを言われる筋合いはない。経営は私がやっているのだ」と怒りをあらわにした。さらには私を翌日から子会社に異動させると言う。

この話を社長にする前から、社長が後継者を明らかにしてくれない場合はこういうことが起こる可能性があることも想定していた。子会社に行くことを選択し、残ったところで会社に傷がつく可能性もある。私が出した結論は、その場で会社を辞めることだった。

その後、話を聞きつけた専務が私の自宅まで訪ねてきて「社長もちょっと言い過ぎたと言っている。営業本部長から常務に昇格させるから残ってもらえないか」という。また、取引先の医薬品メーカーの社長にも残ったほうがよいのではないかと持ちかけられたこともあった。

ただ、ある医薬品メーカーのトップは、「信念があってのことだろうから、中村君が戻ることはないだろう」と思っていたそうだ。もちろん私としては、昇格や昇給に目がくらんで戻るという話に乗るわけにはいかなかった。

忘れられない職業安定所での体験

退職してすぐ、私は失業保険の申請のため職業安定所（現ハローワーク、以下職安）に足を運んだ。実は、この職安での体験が、クオール創業の決断につながったと言っても過言ではない。

退職直前の私は、それなりの収入があった。私を担当してくれた職安の女性職員からは「中村さん、この給料があったのに、なぜ辞めたのですか？」と言う。彼女はよかれと思ってそんな話をしてくれたのだろうが、「この収入の半分の仕事も斡旋できませんよ」ということだった。私もそれは理解していたが、ふと周囲を見回して職安に来ている人たちの顔ぶれを見てみた。

当時の職安というのは、2年ほど仕事をしたら退職し、職安に申請してもらえる支度金や失業保険で旅行に行くような若い女性の姿が目立っていた。その様子を見たときに、私は体も健康だし、ここで失業保険など受け取ってはいけない、自分が駄目になると強く感じた。少なくとも、私がいるべき場所ではないと思い至った。

無収入になるわけだから、この話を聞いた家族はがっかりしたようだが、文句は一切言われなかった。半年なり1年を暮らせるだけの失業保険をもらっていたら、本当に自分は駄目になっていたと思う。

それよりも深刻な問題は、私が会社を辞めることがわかると、10人ほどの部下が「中村さんが辞めるなら私も辞めます」と、後追いのように退職の意志を固めてしまったことだった。

なかにはお子さんがまだ中学生や高校生の部下もいた。説得しても彼らの辞める意志は固い。あまりに申し訳なく思い、私はまず、部下たちの再就職のために奔走した。医薬品メーカー、医薬品卸、医療機関、保険薬局など、私が在職中にお世話になった会社を中心に頼み込み、全員の再就職が決まるまで約1年かかった。

医薬分業(10)の推進のために日本橋兜町に1号店を出店

かつての部下の就職の斡旋が終わると、いよいよ自分の身の振り方を考えることになった。その時点で私は50歳。部下の就職を世話する私の動向を知った何人かの病院の院長から、「来るべき医薬分業の時代に向けて保険薬局(11)をやってみないか」と声をかけられた。

職安での体験から、どこかに再就職するのではなく、起業するという意志は固まっていた。しかし、この年でまったく新しい世界に飛び込むのは難しい。一方で、医薬品卸の会社を起こすのでは、かつての同僚や部下とライバルになってしまう。それは避けたかった。それでも医療に貢献する薬の世界で生きていきたいという想いは日増しに強くなっており、保険薬局を運営する会社を設立することに決めた。

ちなみに社名だが、登記する際に「中村」という私の個人名に由来する言葉は使うべきではないと思っていた。どうしようかと考えていたときに、当時一種の流行のように新聞やテレビなどメディアに登場していた言葉「クオリティ・オブ・ライフ」に着目した。長い記事の中では頭文字の「ＱＯＬ」と略して記されることもあり、これにピンときたのだ。保険薬局として創業するうえで、クオリティ・オブ・ライフを高める企業になることを目指すという方針とも合致する。調べてみると、幸いなことに「クオール」で登記されている会社はないという。こうして社名が「クオール」に決まったのだ。

創業時の構想では、1年目に3店舗を開局する予定だった。ところが1号店である東京・日本橋の兜町薬局から計画が頓挫した。声をかけてくださった院長の病院近くに薬局に適した物件を借り、薬剤師や事務スタッフも揃え、調剤設備も整えた矢先に、病院内で医薬分業に反対する声が強くなり、薬局の開局が延期されてしまったのだ。

なんとか医薬分業を実現してもらうように、私から病院の経営陣に直談判したことも一度や二度ではない。経営陣の周囲からも説得してもらうよう呼びかけるなど、さまざまな手を尽くした。

その間も固定費はかかり続けている。店舗の賃料はそれほどでもなかったが、人件費と設備のリース料が重くのしかかり、私の退職金や貯金はどんどん減っていく。来月開局できなければ倒産するしかない。そう覚悟を決めつつあったとき、ようやく院外処方の段取りがついたことで、なんとか開局することができた。

1号店が開局に至るまでの間、そしてクオールの草創期に大いに助けてくださったのが、調剤機器などを開発・製造する株式会社湯山製作所の湯山正二社長（当時）だ。湯山社長は私が置かれた状況を見て「あなたには将来性があるから」と言い、調剤機器のリース料をなんと開局まで猶予してくれたのだ。手持ちの資金が目に見えて減っていく状況だった当時の私にとって、湯山社長の言葉ほど心強いものはなかった。それだけでなく、開局後も新しい薬局を開拓するために必要だろうということで、社員1人と営業車1台を2年間も提供してくれた。前職でお付き合いがあったとはいえ、創業直後の会社に対し厚い信頼を寄せてくださったことは、いくら感謝してもしきれない。湯山社長がいなければ兜町薬局は開局できず、クオールはそのときに終わっていたかもしれない。

創業2年目に訪れた転機

クオールの創業は1992年だが、紆余曲折あったため、兜町の1号店の開局は1993年4月にずれ込み、実質的にはこの年が創業ということになる。兜町の1号店とは正反対に、2号店となった古川橋薬局は、開局のための準備が順調に進み、同年5月に港区南麻布に開局することができた。古川橋薬局も、私がかねてより懇意にしていた病院の院長との縁で誕生した薬局だ。

さらに12月には3店舗目となるちどり薬局を大田区千鳥に開局した。いずれの薬局も、医療機関と一対一の強い信頼関係に基づくマンツーマン薬局としての基盤を築くことができた。もちろん病院を訪れる患者さまにも信頼される薬局として親しまれるようになっていった。

クオールの安定経営の基盤を築き、クオールを大きく飛躍させるきっかけをつくったのが、1994年11月に開局した竹の塚店だ。知人から東京都足立区に、1日あたり500人前後の外来患者が訪れる病院が保険薬局を探しているとの情報を入手した。

だが、その選定はコンペによって決まるという。クオールより規模の大きな薬局が数社参加するという情報に接し、私はさまざまなコネクションを駆使して病院の理事長と知り合うことに成功した。

理事長に誠意をもって交渉した結果、理事長の信頼を得て「中村さんの人となりはわかった。すべて任せる」とのお言葉をいただき、見事にクオールが選定されることになった。

その喜びに浸る間もなく、この病院の近くには適した賃貸物件がなく、土地を借りて店舗を建設する必要が出てきた。費用はすべて合わせると1億円ほどかかるという。当時のクオールにはそれだけの資金を出せる余裕はなかった。このとき初めて融資の相談のため銀行を訪れたが、バブル経済崩壊の直後ということもあり、都市銀行はもちろん地方銀行でも、創業したばかりのクオールは門前払いされてしまった。このとき、私が所有する不動産等の担保だけでは到底足りず、幹部にも不動産等を共同担保にしてもらえないか相談したが、断られてしまった。今思うと、こんな相談はすべきではなかった。やはり自分でできる範囲内でやるべきなのである。

そんな背景もあり、私は資金調達に奔走していた。そして事業計画書を携え、以前から懇意にしていた銀行を訪れたところ、ついに融資を受けられることになった。これで開業資金の目処が立ち、クオール薬局竹の塚店は無事に開局することができた。

竹の塚店は収益が高く、クオールの安定経営の基盤を築き、後に埼玉県などに拡大していく推進力となった。

後年、融資を担当してくれた銀行の方と話す機会があったのだが、「成長する企業に融資できたことは、銀行マンにとって何よりも嬉しいことだ」と話してくれた。このときの体験もあるが、私がクオールの経営において自らに課したルールの1つに、「銀行以外からはお金を借りない」というものがある。銀行は、厳しい審査や分析をして初めてお金を貸してくれる金融機関だ。成長が見込めない企業には貸してくれない。銀行に認められることは、一人前の企業として認められることを意味する。

余談になるが、竹の塚店を開業した後だったと記憶しているが、本社が千代田区三番町にあった頃、税務調査を受けることになった。

クオールにはやましいことは何もなかったが、当時メーカーと癒着し、仕入れの数字を改ざんして差額を着服する不正が横行していたようで、特に仕入れについて詳しく調べたいという。

当初は2日間の予定で調査を行うはずだったが、1日目の終わりに税務署の職員が私のもとにやってきて、「指摘すべき点がないわけではありませんが、いずれも些細なことなので、今日だけで終わりにします。それよりも中村社長、たくさん税金を納められるような素晴らしい会社になってください」と言ってくれたのだ。

当時の税務署には、そんな人情味あふれる職員もいた。竹の塚店の開局にあたって銀行から融資を受けられたことと並び、この時期の忘れられないエピソードの1つとなっている。

クオールの経営で設けた3つのルール

私がクオールを創業したときに、3つのルールを設けた。「本業以外に手を出さない」「給与を遅配しない」、そして前述の「銀行以外からはお金を借りない」の3つだ。

1つ目の「本業以外に手を出さない」は、主に不動産で儲けようとしない、という意味だ。2つ目の「給与を遅配しない」は、経営者の最大の責任と言っても過言ではない。社員が安心して働ける環境をつくるうえで、基礎中の基礎である。

また、経営者同士のつながりから、大きな成功を収めた経営者が、不動産や株式で大失敗をしたというケースを耳にすることもある。不動産については、某製薬メーカーの経営者から、最もお金をかけているのは研究所であり、本社や営業拠点はすべて賃貸であるという話を聞いた。私はなるほどと思った。本業に集中するというのは、こういうことなのだ。

株式については、私自身が株式の投資を行うことはない。M&Aで他社の株式を手にすることはある。だが、これは頃合いを見計らって売却することにしている。これがよいことかどうかはわからないが、私はそうすることに決めている。

そして、ゼロからスタートするにあたっては、私は明確に上場することを目標にした。なぜなら、オーナー企業を否定して退職した私が、自分が起業した会社のオーナーとして居続けるわけにはいかないからだ。

結果的には、２００６年に当時の大阪証券取引所ヘラクレス市場に上場し、２０１１年12月に東京証券取引所市場第二部へ上場、１年後の２０１２年12月には東京証券取引所市場第一部に指定替えを行うことができた。株式上場にはさまざまな条件がある。特に東証に上場する際は、株主数や流通株式数、時価総額、純資産、利益、設立年数などの基準を満たす必要がある。東証一部に指定替えともなると、これらの基準はさらに厳しくなるのだ。

東証一部上場は企業にとって資金調達力が増大し、企業ステータスも向上するという大きなメリットがある。だが、そうして知名度が上がった分だけ、社会的責任も大きくなる。東証一部上場を果たした際に、私は「新たなクオールグループの躍進を」

と未来に向けた決意を表明した。同時に「感激の至りであるとともに、大きな責任を感じている」とも語ったが、これは紛れもない本心である。

戦中生まれの私は、早くに両親を亡くし、戦後の厳しい時代を生き抜いてきた。人の本当の強さというのは、一生の中で一度は大変な苦労をしない限り、身につかないと思う。言葉や教えだけで強くなるということはないだろう。私の場合はそれが中学校を卒業してから就職するまでの間だったのだろうが、厳しい時期というのは誰でも一生のうちに一度はあると思う。それをどのタイミングで、自分がそれをどう捉えて、そこで生き様を示せるかどうかで、本当に強くなれるのではないか。逃げる人もいるだろうし、そのタイミングに気づかない人もいるだろう。人の陰で適当に過ごす人もいるはずだ。

そういう意味では、私は苦労した時期に大変な思いをし尽くした、と自分自身に言い聞かせてきた。あとは努力さえすれば、幸せになるだけだ、と。東証一部上場は、その努力が報われた瞬間でもあった。

マンツーマン薬局を中心に展開

クオールを創業した1992年から1993年というのは、医薬分業率は10％強だった。

国が医薬分業を推進するという話は病院の経営者から聞いていたから、その仕事をやってみたらどうなるだろう、ということは創業前から考えてはいた。

クオールが創業した頃から、医薬分業率は毎年10数％ずつ伸びていき、私の経営者としての力量とは別のところで、その時流に乗ったということはあったように思う。医療機関の近くに開局し、その医療機関と一対一の信頼関係を築くマンツーマン薬局を中心に展開していったのは、こういった時代背景もあった。

だから私は、常に薬剤師を集め、資金調達に奔走し、さまざまな組織をつくるということを行ってきた。

近年になって銀行の方と話す機会があると、クオールを見て最も驚くのが、ゼロからスタートした企業がこれだけの組織になり、多くの薬剤師の幹部がいるという点だ。

その銀行の方には、これだけうまく回る組織をつくり、ＩＴを積極的に導入して活用し、人を育てるための教育に力を入れるという点を高く評価していただいた。

30年もたってからそう言われ、私自身が行ってきたことを振り返ってみると、たしかにそうかもしれない。

だが、この30年間は必死で走り続けていたので、それがどう評価されるかなど気づくものではないし、そんなことを考える余裕もなかった。

大きな転機となったローソンとの提携

今でこそ当たり前となっているが、クオールを創業した頃、つまり医薬分業が始まった頃というのは、医療機関の前に薬局があるといういわゆる「門前薬局」という形態に対する批判の声は少なくなかった。それまでは病院内で薬も受け取ることができていたわけだから、「二度手間だ」「利便性が悪い」との声があったのはもっともである。

ただ、街の中にたくさん薬局をつくっても、採算が合わない。患者さまが来るかどうかもわからない。在庫もどんなものを揃えておくべきかさっぱりわからないということが起こってしまう。

そこで私が考えたのは、多くの人が足を運ぶ場所として、百貨店やスーパーマーケット、そして上り調子のコンビニエンスストアとの提携だった。

百貨店については、都内の有名百貨店にはすべて打診した。売り場の1フロアを保険薬局のある「健康ゾーン」として、1カ月でいいから試してみないかと持ちかけた。だが、どの百貨店でもこれは即座に断られてしまった。

スーパーマーケットについては、建物の中に保険薬局を出店するインショップの形態を考えた。普通のスーパーマーケットは、1日当たり3000人の来客があるのだが、そこに保険薬局をつくっても入ってくる患者さまの数は限られてしまう。都内や茨城県のスーパーマーケットチェーンとともに努力して店舗をつくったこともあったが、やはりうまくいかなかった。

そこで浮上したのがコンビニエンスストアだった。コンビニは街中にあるし、人が多い場所に出店している。近くに医療機関があればなおさらよい、ということに気づき、なかなかよいチャンスではないかと思った。

当時私はある商社とお付き合いがあり、その商社の資本がローソンに入っているという。そこで知人を介して新浪剛史社長（当時）を紹介していただき、お会いして直接話ができることになった。

新浪氏は私より20歳ほども若く、40代の気鋭の経営者として知られる存在だった。私は経営のプロでもなければMBAを取得しているわけでもない。正直なところ会って話をするのは怖いとまで感じていたし、不安や抵抗もあった。ところが、お会いして話してみると、私のそんな心配は杞憂であることがわかった。

当時ローソンは、若い男性の利用客が増え、次第に女性も利用するようになり、さまざまな年代に客層が拡大していた。ただ、高齢者だけは取り込めていなかったという。そこで健康志向の商品を中心に展開するナチュラルローソンをつくったそうだ。だが、なかなかそういった商品が売れず、私が新浪氏と面会した頃には、関西ではナチュラルローソンは撤退。東京でも10数店舗程度にまでその数を減らしていた。

私は新浪氏と面会を重ねる中で、コンビニと同じ建物の中に保険薬局をつくりたいと持ちかけた。

その当時、ちょうど薬事法（現薬機法）が改正され、医薬品販売の専門家として登録販売者という資格が誕生し、それまで薬剤師にしか販売が認められていなかった一般用医薬品のうち、第二類および第三類医薬品の販売が認められたことも後押しした。

ローソンとの業務提携は２００８年に実現し、クオールの登録販売者14人がローソンに出向。薬局とは異なる販売のノウハウを習得するためだった。登録販売者の資格を得るには薬局での勤務経験が必要であることから、クオールも登録販売者の育成に協力した。ローソンのスタッフを50人ほど引き受け、各地の店舗で研修を行った。

こうしてさまざまな準備を経て、２０１０年8月2日、本社のある東京都港区の城山トラストタワー1階に、ナチュラルローソンクオール薬局城山トラストタワー店が開局した。

ローソンとの業務提携に至るまでに、私は新浪氏と何度も面会を重ねた。というのも、最初に新浪氏から「中村社長と一緒に2人だけで1年間、企画立案しませんか？それならぜひご協力したい」と持ちかけられたからだ。やはり新しい事業を他社とともに乗り出す場合は、両社の経営者同士が直接話し合って準備しないと成功しない。よく耳にする「一度持ち帰って担当部署の責任者と協議のうえ……」というのでは、進む話も進まなくなる。私はローソンとの業務提携で新浪氏と出逢い、トップ同士が腹を割って徹底的に話し合い、重要事項を決めていくことの大切さを学ばせてもらった。今、新浪氏はサントリーホールディングスのトップとして手腕を振るっている。

偶然出先で新浪氏と出逢った時に、新浪氏から「中村さんの顔を見て思いついたのだが、当社が扱うサプリメントをクオール薬局で販売してくれないか」と言われた。いずれも高齢者に人気のサプリメントだが、白衣を着た薬剤師がいる薬局で購入するということに、大きな安心感を得るのだという。この偶然を機にクオール薬局では、店頭に各種サプリメントを並べて、つまり場所を提供して、薬剤師もこれらの商品を勧めている。私は二つ返事でサプリメントの販売を引き受けたのだが、当社の担当者にはサントリー(12)に見返りを求めてはいけないと、釘を差した。新浪さんのことだから、クオールの恩を何もなかったということにはしないはずだ。ただ、それをこちらから求めてはいけないのだ。

ここでは細かいことはお伝えできないが、後日サントリーから当社グループ会社あてに数億円規模の発注があった。実はクオールのグループ会社には、売上が3億円ほどの健康食品のサプリメントの事業があり、ちょっとした赤字が出ていた。その会社に届いた治験の案件である。

この会社では最初の案件に真摯に取り組み、治験結果を納品した。すると先方から「大学の研究機関で行ったような丁寧な治験データを出していただいた」と非常に高く評価していただいた。そのため、この案件以降も継続して依頼をいただいている。

サントリー側は当然、治験を依頼する会社を選定するにあたって、当社でサントリーのサプリメントを販売しているかどうかは全く考慮しておらず、ただの偶然だとは思うが、これまでサプリメントをクオール薬局で取り扱ってきたことに対する返礼のような気がしてうれしかったし、偶然とは言えこのような機会の重なりが良いビジネスを生み出すのだと思っている。

クオール薬局ビックカメラ有楽町店を開局

異業種とのコラボという点では、クオール薬局ビックカメラ有楽町店についても触れておかねばなるまい。

始まりは証券会社の知り合いから、ビックカメラの宮嶋宏幸社長（当時）を紹介されたことだ。

初めてお会いした宮嶋社長の印象は、本当に丁寧に対応してくださる方だ、というものだった。多くの場合は秘書などのスタッフが来客に飲み物などを提供してくれるものだが、宮嶋社長は私に対して自らお茶を出してくれたうえで、じっくりと話を聞いてくれた。

私はクオールがどのような会社で、どんなビジネスを展開しているかを説明した。家電業界も厳しい状況にあると聞いていたため、高齢化や女性の取り込みを見据え、理美容家電に加え、健康志向の人向けのサプリメントや健康機器、スポーツ用品など、健康・美容・医療関連の商品を集めたフロアをつくってみてはどうか、そのフロアの一角をクオールの薬局のスペースとして使わせてほしい、との構想をお話しした。

宮嶋社長は二つ返事でこの話を聞き入れてくれて、すぐに現場の責任者と話ができるように取り計らってくれた。

実際のところ、私の構想は、街の中に利便性の高い薬局「ビックドラッグ」をつくりませんか？という提案だったわけで、その中の調剤業務をクオールで請け負いたいというものだった。

残念ながらビックドラッグ構想は刺さらずに流れてしまった。現在のようにドラッグストアが街中に数多く出店する状況になるとわかっていれば、この波に乗れたかもしれない。

だが、クオールにはドラッグストア業務を切り盛りできる人財はいないし、私も社員にそれを要求するわけにはいかない。

ビックカメラ内に薬局を開局する話はトントン拍子で進み、2011年8月1日、クオール薬局ビックカメラ有楽町店が開局した。

この店舗は、ビックカメラ有楽町店のヘルスケア商品を扱う3階にあり、店頭のオーロラビジョンでコマーシャルを放映するなどして「駅チカ薬局」としての認知度を高め、来局者数を増やしていった。2020年4月からは、ビックカメラ有楽町店の外壁にクオールグループに関しての大型看板を掲出し、鉄道利用者にもクオールグループの認知度向上を図っている。

宮嶋社長を訪ねた際には、ビックカメラの仕入れ部のフロアも見学させていただいた。

1フロアに社員がたくさんおり、オフィスのいたる所でメーカーの担当者が持ち込んだ試作品について話し込む姿が印象的だった。これこそがビックカメラの心臓部であり、クオールのような会社にはない機能として、大きな刺激を受けたことを覚えている。

駅クオール薬局JR大阪店を開局

ローソンとビックカメラに続く異業種コラボの例でもう1つ忘れられないのが、2013年4月に開局した駅クオール薬局JR大阪店だ。

JRだけでなく全国の鉄道事業者の課題として、人口減少に伴う運賃収入の減少がある。鉄道各社は駅ビルを建設したりホテル事業を始めたり、間接事業で利益を得る手法を取り入れていた。駅ビルや駅の地下街の中に、健康関係の保険薬局やドラッグストアのような店舗が求められるケースは少なくなかった。そんな折、クオールの営業スタッフが、JR西日本が駅ナカに薬局を展開したいという情報を入手してきた。

駅は多くの人が行き交う場所だ。それだけに保険薬局としての認知度が高まれば、さまざまな病院の処方箋を持った患者さまの来局が期待できる。入札による競争は避けられなかったが、当時は西日本エリアでの認知度がいまひとつだったクオールにとってまたとないチャンスと見極めて、応札することに決めた。そして駅の利便性向上と鉄道外収入の増加を図りたいと、ＪＲ西日本のグループ会社で駅ナカビジネスを手掛けるジェイアール西日本デイリーサービスネットと２０１２年８月に提携が成立し、翌年にＪＲ大阪駅構内に１号店を開局した。

クオールにとっては初めての試みであり、ローソンやビックカメラとの提携によって開局した薬局との違いも大きい。営業時間は長時間で年中無休。さまざまな病院の処方箋を想定し、取り揃えた医薬品の数は約２０００品目にものぼった。多くの一般用医薬品（ＯＴＣ）も販売するため、クオールがこれまで運営してきた薬局とは異なる業務内容だったが、患者さまと直接関わる機会が増えて接客が楽しいと、この職場に魅力を感じてくれる社員が多かったのも嬉しかった。

仕入れや物販がメインになってしまうなど、業務内容が極めてドラッグストアの形態に近かったため、やはりクオールの人財でこれを運営し続けるのは難しい。そのため、現在はこの業務はクオールの手から離れてしまっている。だが、ＪＲ西日本という大きな企業から指定を受けたということは、クオールが高く評価されたことを意味する。私はその事実が嬉しかった。

異業種コラボを成功させる「目利き」

クオールは異業種とのコラボを積極的に行ってきたが、引き合いも多く、実現に至らなかったものもある。実現に至らなかったから、異業種コラボでの失敗例はほとんどない。

私は、こういった事業を成功させる際に必要な力として「目利き」というものがあると考えている。経営者はもちろん持っているべき力だが、できれば幹部社員にも目利きの力を養ってほしい。事業が走り出してから失敗するのでは遅い。その前の段階で目利きの力があれば、自ずと正しい判断ができるようになる。これは人財を見る場合も同様だ。人財を登用する際の目利きが正しければ、期待以上に活躍してくれることもある。

では、この「目利き」とは何かと考えると、非常に深い。どうしても自分の好みに合うか合わないかという基準で選んでしまいがちだが、それだと組織は成り立たないし新規事業も始められない。「目利き」とは簡単な言葉だが説明が難しい。上層幹部にとって非常に大事な要素であり、動く前に対象の良し悪しが判断できる力、ということになるだろうか。目利きの能力を養うことは簡単ではない。ある程度の経験が必要だし、何よりも熱心さや情熱がどれだけあるかにも左右される。

一般的に他人のまねをしてもダメだといわれるのは、この情熱のなさのことを意味しているように感じる。何事も一からつくり上げていくのは本当に大変だ。他人より努力する覚悟があるかどうか。この要素は強いと思う。形に見える能力ではないが、誰が目利きできる人なのかを判断するのも経営者の責任ではないだろうか。

第3章

教育のクオール

クオールアカデミーを設立

今でこそ「教育のクオール」と、外部の方々からも高く評価していただいているクオールだが、これは私が薬剤師ではないことに関係している。この業態の経営者の多くは、薬剤師の有資格者であるケースが多い。50歳で起業した私は、人生に関する話はできる。あるいは経営についても多少なりとも語ることが可能だ。だが、実際の薬局運営に関すること、そして患者さまに対する正しい接し方などについて十分な知識があるわけではない。こういうものを補う何かが必要であることは、創業時から感じていた。

そこで、私が前職でもお世話になっていた、東邦大学医療センター大森病院で女性初の薬剤部長を務めた近藤芳子（由利子）先生が、ちょうど定年退職されて特に仕事などしていないとの噂を耳にした。しかもクオール3店舗目のちどり薬局に私がいたときに、店の前をジョギングする女性を見かけたのだが、それが近藤先生だった。先生を呼び止め、薬局の事務所でお茶を飲みながら話をしているうちに、クオールでの教育を企画からすべてお願いしたいという話になった。近藤先生が熱心な方ということもあり、快く引き受けてくださった。

　これがクオールにおける教育のスタートとなった。２００８年にはクオールメディス株式会社を設立し、薬剤師に特化した人材紹介・派遣事業を開始するとともに、紹介する薬剤師の質の向上を目的として、一般の薬剤師を対象とした研修事業も開始した。そして２０１４年にクオールメディスの教育研修事業は、クオールアカデミーに引き継がれた。この背景には、国内の保険薬局の70％以上が個人で数店舗を経営する形態であり、薬局スタッフに対する教育が十分に行えていない状況があった。

　クオールアカデミーでは、よい教育内容は同業の皆さんにも開放すべきだという考えが根底にある。これは損得ではなく、薬局業界全体のレベルを上げるために必要なことだ。クオールアカデミーという名称にしたのも、他の事業者から依頼があれば教育については開放しようという趣旨からだった。

　中小薬局企業は、会社を売却するか継続するかというのは、教育の要素がものすごく大きい。自ら10～20店舗を運営・継続していくことは難しく、売却を決断する経営者は意外なほど多い。だが、もちろん頑張って継続しようとする経営者だっている。継続を選択した場合、スタッフの教育が非常に大きなウェイトを占め、教育の仕組みがなければ診療報酬もなかなか取れず、薬剤師は安定して働くことができない。

クオールアカデミーは薬剤師の教育プログラムなどを提供しているが、「さあこれから頑張ろう」と考える経営者からの引き合いが多いと聞いている。実費くらいはいただくことになるが、これは大きな事業にしようとする類のものではない。「これから頑張ろう」と意欲的な会社に対し、安いコストで教育を提供してあげたいという思いだ。これまでは誰がやっても多少は経営できた時代だったが、それは経営者がまだ若かったから、という側面もある。今、その経営者が高齢となり、後継者がいても教育分野だけはうまくできない、という現実もあった。

近藤先生は長い間、日本女性薬剤師会の会長を務めておられたが、クオールの教育企画と人材の紹介というものは、すべてお任せしていた。近藤先生のような方がいないとうまくいかないが、彼女の教育を受けた人財が今、クオールで教育関連の業務を引き継いでくれている。私自身はリーダーシップの在り方とか組織のまとめ方とか、部下を持つ事業部長の悩みなどは経験しているため、そちら側の教育を全国で徹底して行ってきたという自負がある。振り返ってみれば、経営や組織は私、薬剤師の教育は近藤先生という形で、上手に手分けして行ってきたように思う。

自分の会社に合った人財を育てるというのは、経営者にとって最も必要な要素だ。現ニデック経営者の永守氏が自ら京都産業大学をつくったのがその最たる例だろう。企業にとって合う人財というのは、学歴は関係ないというのが基本的な考え方なのかもしれない。教育というのはそういう要素がある。企業内教育でそれを語れるのは、限られた幹部だと私は思う。これができないと、クオールにふさわしい人財は育たない。さまざまな大学がビジネススクールを開講しているが、それだけでは無理がある。経営者なり経営層が直接語ることを、定期的かつ系統立ててやらなければならない。しかも、ある程度の経験を持った人に伝えなければ意味がない。経験がない人に対し、私がこれまで行ってきたことを、私の想いも含めてすべてが伝わるとは思えない。

よく会社には4つのタイプがあるといわれている。「甘くて冷たい会社」「厳しくて温かい会社」、「甘くて温かい会社」「厳しくて冷たい会社」だ。厳しくて冷たい会社というのは、問題を起こしがちである。甘くて温かい会社だと成長は見込めないだろう。

クオールが目指すのは、厳しくても温かい会社であることは、これまでも堂々と宣言している。経営者としてはこの4つのどれを目指してもかまわないが、クオールは医療に携わっている以上、やはり厳しさは持ってもらいたい。

温かさがあり、医療に対し熱心で、あるいは新型コロナウイルス感染症の危険の中で一生懸命仕事をしてくれる薬局のスタッフが疲れないわけがない。そんなときにバックボーンとして本社は何をするか、どういうふうに支えるか。あるいは最近では女性の活躍の場を確保するための各種制度の導入や育休など、そういうものもすべて入ってくる。まだまだサポートできる余地はあると思うが、仕事に対する厳しさを求めながらも、これらを積極的にやろうとしているのがクオールだ。

時代を先取りした社内認定制度

クオールでは、早い段階から社内認定制度を導入した。それがQOL認定薬剤師制度で、2009年度にスタートした。

高度薬学管理機能(13)に対応する制度として、高い専門性を持った薬剤師の育成を目指したのだ。

開始当時は、10疾患を対象とし、疾患別に病態から治療までをテキストに沿って自己学習し、さらにCBL(Case Based Learning)研修(14)などを実施し、最終テストに合格することを目指した。社員の積極的な参加を促すため、薬剤師手当を段階的に変化させるなど人事制度とも連動させ、当初は薬局長となるための条件の1つにもしていた。

年々社員の関心も高まり、対象疾患も増やしていった。新入社員には3年間で3疾患の認定薬剤師となることを推奨し、多くの薬剤師がQOL認定薬剤師となって活躍してくれた。

後にスタンダードコースの上にエキスパートコースも設定し、より高度な専門知識を身につけたいという社員の意欲にも応えてきた。2011年からは、在宅認定薬剤師、認定医療事務制度も開始した。

現在は、薬機法改正により認定薬局ができたことで、外部の認定を受けた薬剤師について、一部は社内認定のときと同様に給与に反映しているが、QOL社内認定制度と人事制度の連動については時代の流れに合わせて廃止した。乱暴な言い方をすれば、2009年にクオールが始めたことに、やっと時代と社会が追いついてきたと言ってもよいだろう。

医療界全体を見ると、医師が活躍する世界はものすごく専門化が進んでいる。昔は内科と外科と、産婦人科くらいしかなかったが、今では大学病院に行くと50以上の診療科があるのが珍しくなくなってきた。医師たちはより専門性の高い世界で機能を分化して活躍している。

ところが、薬局はまったくそうなっていない。なぜ医療の進化に合わせて薬剤師も機能分化しないのか。全国に30万人以上の薬剤師がいるが、全員が同じ資格だけで仕事をしているのが現状なのだ。

医療はすべて機能分化し、専門性が高まっている。病院もクリニック、中核病院、先進医療を担う大学病院、そして高齢者関連施設と分かれている。これに対し、薬局を取り巻く制度は、規模の大小や取り扱う処方箋の多寡でしか判断できないというのが現状だ。

薬局の半分以上を占める小規模の薬局と、クオールをはじめとする大手チェーンが運営する薬局とでは、担う役割は異なってもよい。医療の世界に合わせて薬局も機能分化していくのが合理的な道だろう。

これについては第4章で詳述しているので、ぜひそちらをお読みいただきたい。

クオールグループ学術大会

クオールグループでは、毎年秋に「クオールグループ学術大会」を開催してきた。これはクオールにとって欠かせない一大イベントである。

学術大会を初めて開催したのは1995年。創業から4年目のことだった。医師の世界では学会活動は非常に重要だ。それぞれの実体験を発表して共有することは、とても意味のあることだからだ。自分1人で一から積み上げるのも大事だが、それだとスピード感は出ない。他人の実体験を参考に自分の仕事に取り入れられれば、そしてそういう機会があれば、自らの医療レベルは上がっていく。これが医療の原点で、薬剤師にも同じことが言えるだろう。

そんな考えのもと、会社全体の保険薬局業務を向上させることを目的に、当初は年に2回開催し、発表者は指名制だった。現在のような社内公募によるエントリー制となったのは、2005年の第10回大会からだ。公募の告知をすると、すぐに全国の社員からエントリーがあった。選考を経て、当日は口頭発表とポスター発表を行う形になったのもこの回からだった。発表の内容も学術的なものから業務改善に関することまで幅広く、各社員の身近な業務に関するものも多かったため、多くの社員にとって関心の高いものとなった。大会には著名な医師やゲストを招いて特別講演を行うなど、毎年のように内容を充実させていった。

クオール学術大会は、基本的にはクオールの社内イベントではあったが、徐々に業界内で注目度が高まっていったため、2010年の第15回大会はオープン参加型とした。「クオールオープン学術大会」という名称で、東京ビッグサイトで2日間にわたって開催した。

社員だけでなく、同業他社の方々、薬学部で学ぶ学生、医療関係者の方々にも門戸を開き、2500人以上が参加してくれた。私には、薬局業界全体の底上げという意識がある。こういった大会が少しでもその役に立てれば、これほど嬉しいことはない。

そして創業20周年の2012年に開催した第17回大会では、東京ビッグサイトで全社員が参加する記念大会を開催した。大会プログラムには永年勤続者への功労賞授賞式や、20周年記念コンサートも行い、大きな盛り上がりを見せてくれた。

社員の学術大会への参加意欲は年々高まっていき、エントリー数も増加したことから、２０１４年からは全国を５つのエリアに分けての開催に変更した。２０２１年の総エントリー数は２０１件にのぼっていることからもわかるように、クオールグループの社員は、この学術大会に高い関心を寄せてくれている。

クオール学術大会は、クオールグループの伝統行事の１つとなった。今後もこの行事は続けていってほしい。

ところで、こういうイベントは経営に余裕がなければなかなかできるものではない。今のほうが過去よりも余裕があるので、大掛かりなイベントにすることも可能だ。また、この種のイベントを実施するのも、クオールのような規模になった企業の責任であるとも考えている。だが同時に、こういうイベントを実施するには、かなりのエネルギーを要することも理解している。新型コロナ対応で薬局のスタッフは大変な思いをし続けている最中である。今すぐではなく、もう少し落ち着いてきたら、そういう役割を果たしてもらいたいと思っている。

第4章

これからの薬局はどうあるべきか

医療の進化に薬局も歩調を合わせよ

厚生労働省（以下、厚労省）は2015年10月、「患者のための薬局ビジョン～「門前」から「かかりつけ」、そして「地域」へ～」を策定した。これについて私の考えを記しておこう。

私がこの仕事を始めてから、薬局とはこうあるべきではないか、ということについて、私なりにいろいろと考えてきたことがある。それは行政がどうとか、薬剤師がどうということではなく、患者さまのためを考えた場合に最も望ましい形とは何か、ということだ。

1961（昭和36）年に国民皆保険制度が始まって以降、疾病や疾患が複雑化し、医療に対するニーズは多様化してきた。前章でも触れたが、現在は診療科が細分化され、医師や看護師をはじめ、医療に関わるスタッフの専門性が高まっている。同時に病院の制度も、開業医によるクリニック、中核病院、先進医療を提供する大学病院、それに高齢者関連施設という4つのゾーンに分かれた形になっている。それぞれの医療機関は、電子カルテを中心に情報を共有するスタイルも確立されている。一般的な病気や軽い病気の場合は、なるべくクリニックで診察を受けるようにして、重症であることがわかったら紹介状を持ってそれぞれの病状に応じた病院に行くというのが現在の病院制度だ。紹介状なしで大学病院などを受診する場合は別途料金が必要で、これにより開業医が守られているというのもポイントだ。

　こういう制度が完成されているのが病院の世界なのだが、薬局についてはこの手の制度が何もない。調剤報酬[15]で分けていることはあるが、これは医療の思想や医療へのニーズとは関係ないものだ。この点は、私がかねてより疑問に思っていたことで、患者さまは何のためにお金を払うのかという視点が欠けている。患者さまは、自分の病気をしっかりみてもらい、確実に治してもらうためにお金を払っているのであり、薬局の規模に対してお金を払っているのではない。薬剤師としても非常に苦しい制度として見ている面はある。

　日本薬剤師会は、街の薬局の薬剤師が集まる団体として誕生した背景がある。実は日本医師会も同じような背景がある。ただ、医師会は国民医療のため、各種団体が連携してそれぞれが話し合いを重ね、現在の制度がつくられてきたわけだ。一方で薬局は、患者のための薬局ビジョンに盛り込まれた機能を果たしなさいと言われても、できない薬局がたくさんある。小規模の薬局は一人薬剤師であるケースも多いので、在宅訪問での薬学管理や24時間対応などが難しいことが多い。だが、小規模の薬局のほうが報酬が高い場合もある。そういった特性があるため、大手薬局チェーンのように合理性の高い教育を行い、薬剤師の数も多い大規模の会社の薬局が活用されず今に至っている。

私が日本保険薬局協会の会長だったときに、医師会ともいろいろな話をしてきた。せっかく医療ゾーンが現在のようになっているのだから、それぞれの医療ゾーンに合わせて薬局を機能分化し、調剤報酬も分けてそれぞれのゾーンで運営できる薬局の制度をつくっていくと、効率もよいし患者さまもわかりやすい。

例えば、先進医療の病院で治療を受けた患者さまが、処方箋を持って高度薬学管理機能の指定を受けた薬局に行くとか、クリニックや眼科を受診した場合には、近くにある薬局に処方箋を持っていく、という形のほうがわかりやすい。薬局が医療ゾーンに合わせた形で機能を開発したり薬剤師の教育をしたりして、調剤報酬もそれに合わせるようにすると、小規模の薬局も役割を果たすことができるはずだ。競争の世界ではあるが、少なくとも規模の競争からは開放される。何の区別もなく、すべてが10で判断される現在のほうが、規模の競争がある分だけ厳しい。こういうことに薬剤師会が気づいてほしいと私は思う。

今、行政から出ている薬局機能を考えた場合、6万軒の薬局を1つの制度で運営するということに無理がある。診療報酬(16)により小規模薬局が有利になっており業界を守る状況となっている。大手チェーンの診療報酬が下げられている。大手のほうが機能が充実しているのに診療報酬が低いことがおかしいと考えている。機能に合わせて報酬もつけてほしいと訴えている。

もし、薬局が機能分化できれば、6万軒すべてとはいわないが、熱心に経営し、患者さまに対して、そして医療に対する想いが強い方々であれば、多少は利益の差はあるかもしれないが、つぶれてしまうとかやっていけなくなる、ということはなくなるだろう。競争をあまり意識せず医療に特化できるというほうが、私は望ましいと考えている。

日本の自由経済社会において、規模の拡大は会社や雇用を守るためには絶対的な条件である。それはどの業界を見ても明らかだ。コンビニエンスストア業界も3つになってしまったし、そういうことをしないと生き残れないのだ。だから今、保険薬局は売却へ走ってしまう。専業で大手と呼ばれるのはもう数社しかないのではないか。私はこの状況がよいとは全く思っていない。

医療の世界は、ドラッグストアであれ保険薬局であれ、パパママ薬局であれ、医療を担っていこうという強い想いを持つ人たちは同じ土俵の中で扱っていかなければならない。そういう概念が非常に不足してはいないだろうか。機能分化こそが、全部を活かす方法だと私は思う。

医師の制度に合わせた形に薬局を育てていけば、すごくわかりやすく合理的だと思うのだ。

業界団体の力がつけば変わるはず

日本保険薬局協会の会長だった頃、私は厚労省に出向き、キーパーソンの皆さんに絵を描きながら薬局の機能分化の話をずいぶんしたものだ。そして保険薬局協会が第三者として協力するということも折に触れて伝えてきた。

その甲斐があって、規模の大小で競争するのがおかしいということは、行政の皆さんにも認識していただけるようになってきた。今はまだ道半ばだが、最終的にそうなっていくのが望ましい。私は日本チェーンドラッグストア協会であろうが、保険薬局協会であろうが、薬剤師会であろうが、みんなが協力して自ら企画しなければいけないと考えている。

薬局は、それぞれに与えられた課題についてどう対応していくかを自ら考えて解決するような方向に進まなければならないだろう。行政から解決策が出てくることはない。

病院の制度を見ても、行政が一方的に決めたものではない。医師会が中心になって機能分化されていった歴史がある。開業医の役割と、中核病院の役割、そして先進医療の大学病院の役割は大きく異なる。軽い風邪の患者さまがどこの病院を受診してもよい、というのは誰が考えてもおかしいではないか。だが、残念ながら現在の薬局の制度はそうなっている。また、そういう薬剤師の育て方もできていない。クオールをはじめ大手はできていても、薬局業界全体を見てみると、ほとんどできてないと言ってよいだろう。例えば20店舗以下の薬局チェーンで、薬剤師の教育制度を整えているところはまずないだろうが、そういう薬局が店舗数で言えば70％を占めているのが現実だ。

現在薬剤師会の入会率は、32％を切っていると聞いたことがある。医師会も一時は40％程度に落ち込んだことがある。「半数以上が入会しないと団体としての意味がない」と当時の医師会の会長が危機感を持ち、現在では50％強くらいまでには回復したという。

最終的には医師免許を取得した時点で、医師会に強制的に入会するような方法を模索していると聞いたこともある。

医師会の方から以前言われたことで印象に残っているのが、「薬剤師会の入会率が20〜30％程度では全然認知されませんよ。薬剤師を代表する団体とは言えませんよね」という言葉だ。

だから薬剤師会から何か提案が出てきても、筋が通っていない、キーパーソンに全く刺さらない、という状況にあるそうだ。やはりこの入会率では、全体の意見を反映していないと受け取られてしまう。だから薬剤師の立場はどんどん弱くなってしまうのだろう。

このままではいけない。何かにつけて薬局は苦しい状況に立たされている。例えば薬価差のことがある。私たちは利益の約半分を法人税として納めている。薬価差で多く安く売ったものは薬価が下がる。その財源は医療に使われている。そのうえでまだ薬価差を取り上げるのか、と思わずにはいられない。

ビジョン策定からはや8年

薬局や薬剤師を取り巻く環境を改善すべく、大きな流れの1つの成果として出たのが、「患者のための薬局ビジョン」だったのではないだろうか。このビジョンには薬局の新しい役割として6つのゾーンが明記されている。私が最初にこれを見たとき、大手チェーンしかできないだろうと思った。大手ならほぼできる。2~3店舗しかない薬局では難しい。イメージとしては小規模の薬局のほうがこのビジョンと親和性が高いように感じられるかもしれないが、決してそうではない。

私はこの仕事をしていて、小規模の薬局がつぶれてもかまわないなどとは全く考えていない。医師の世界を見ればよくわかる。開業医は12~13万軒あるという。これだけあれば病院を受診しやすい。受診しやすい環境を維持することは非常に重要だ。小規模の薬局は街の中にあって、昔から何世代にもわたり地元に密着してやってきたところが多い。患者さまにとっても足を運びやすい薬局だと私は思う。

ところが病院へ行くと、病院の目の前にその病院とコンタクトがとれている薬局があるから、そこへ行ったほうが詳しくいろいろなことを教えてもらえるし、医師との連携も取れている。だから門前薬局がどんどん増えていったのだ。私が保険薬局協会の会長になった頃が、この門前薬局に対する風当たりが最も強い時期で、「門前薬局＝悪」とまでいわれていた。薬局は何もしておらず、薬を投げているだけだ、と。投薬という言葉があるが、門前薬局はまさに薬を投げてよこすだけの場所だ、というわけだ。今の薬局はオープンカウンターになって運営しているが、昔から投薬口といわれていた。私は絶対にその時代に戻ってはいけないと考えている。

門前薬局＝悪というのは全くの誤解であり、その後この誤解を解くためにさまざまな努力を続けてきた。そして門前薬局であっても、ビジョンに記載されている6つの機能を持ってやっていれば問題ないということで、調剤報酬に大きな差はつかなくなったのだ。今は門前薬局を批判する声はほとんど聞かれなくなった。各社が努力してきた結果、それだけ充実してきたからだ。

国民皆保険制度というのは、たくさん稼いでいる人が、あまり稼ぎの大きくない人をカバーし、同じ医療を受けられるように負担金も同じようにするという制度だ。これは非常に素晴らしい制度だと私は思う。この考え方を医療ゾーンに当てはめると、大きく儲ける病院があったとしたら、あまり利益の出ない病院もある。収入が少ない病院を収入が多い病院がカバーするという制度というわけだ。

それを考えると、大きくて効率性がよく、利益を出している病院のほうが、小さい病院のために診療報酬が有利になる、ということは、私はある面では理解している。

制度はそうなっていることや、その考え方が踏襲されることについては、私は正しいと思う。問題は運用方法だ。患者さまの立場に立ってみれば、受け止め方は違うだろう。患者さまが、支払った料金に見合うだけの医療を施してほしいと考えるのは当然だ。高い料金を支払うのであれば、より高度な医療を受けたいというのは自然なことである。その制度と薬局の制度がなじんでいない。

ビジョン策定から8年が経過したが、実際、薬局業界全体が大きく変わってきたかと問われると、返答に窮する。病院の制度はなじんできたが、薬局側が課題を解決していかないと、いずれ見放されてしまうことを真剣に考えなければならないだろう。

院内調剤(17)、敷地内薬局(18)に対する私の考え

今から30年以上前に、外来のさまざまな分野における薬剤関係の費用が30％を超えてしまった。そこに事故が重ねて起きてしまったこともあり、処方箋を書く機能と投薬機能を分けたのだ。そのときに国民に対し、「医療機関と同一敷地内に薬局を開かない」「医療機関と同一資本の薬局は開かない」「医療機関と同一経営の薬局は開かない」という3つの約束をして、医薬分業に対する理解を求めた。私は、これは制度やルールではないと思う。国民に対する約束なのだ。保険薬局が外にあるから不便になるし、薬の値段も高くなるかもしれない。ただ、運営する人は同一ではないし、独立性を守り、薬に対する高度な知識と情報を持って、患者さまに医療を提供する。あるいは医師との連携がもっとスムーズになるように仲介する。そうやって国民の皆様に約束してきたことは、私たちが守らなければいけない。

にもかかわらず、こぞって敷地内薬局に流れがいっているのがよくわからない。お

そらく院内調剤だったらどういう世界になるかということが、まったく理解できていないのではないか。そうなったら医薬分業はどんどん後退してしまう。ひょっとしたら開業医の医師まで院内調剤をやるかもしれない。だから、そういう選択肢は、私たちの方から出してはいけないのだ。制度や法律で論じるのではなく、国民と交わした3つの約束を守ったうえで、私たちが自身の発展を考えていかなければならない。

だから私は敷地内薬局には賛成できない。入院という機能と外来という機能は大きく異なる。治療上のニーズがまったく違う。これを考えたときに、薬局も6万軒が同じ制度、資格のもとで運営され、そこにできることとできないことが生じても、その格差については調剤報酬上認められない。

できないほうを優遇し、できるほうを不利にしていくような現状の制度は、私は患者さまに対して非常に失礼なやり方ではないかと感じるのだ。だから薬局を機能分化し、規模の大小に関係なく、熱心に自身が得意とする分野の機能を持つ薬局になりたいと考えられる制度にするのが正しいと信じている。

在宅医療(19)への積極的な取り組み

私は薬剤師ではないが、保険薬局の薬剤師は、医師や看護師と比較されることが少なくない。いずれも医療にとって必要な存在ではあるが、医師が絶対的な存在とされる日本の医療の世界では、薬局の薬剤師では経験できないことがある。それが、患者さまの死に立ち会い、そのご家族の想いに寄り添うことだ。

大きな使命感を持って働く救急救命センターの医師の姿を取り上げたドキュメンタリー番組をご覧になった方も多いことだろう。救急車で搬送されてくる患者さまを必死になって助け、助かったら本人や家族の喜びを肌で感じる。場合によっては、全力を尽くしても亡くなってしまうこともある。死を迎えた家族の悲しさや本人の無念を見て、医師はさまざまなことを感じるのだろう。それによって自身の医療に対する思いがどんどん高まっていくという話は、私もよく耳にする。これが医療の原点ではないか。

これを経験せずに医療を語っても、説得力は半減してしまう。医療にはさまざまなゾーンがあり、それぞれに役割も異なるから全員が死を迎える場面を知る必要はないかもしれないが、医師と看護師は間違いなくそれをほぼ経験している。だから、薬剤師がこれを経験するということは非常に重要だと思う。

在宅医療に薬剤師が携わるということは、薬剤師がこれを経験できる場面が出てくるということを意味している。

近年では終末期医療を専門とする医師がたくさんいる。つまり死を迎えようとしている患者さまをケアする、あるいは最期は自宅で過ごしていただこうという医師が増えているのだ。

こういうケースに薬剤師も服薬指導という形で参画し、患者さまの死に立ち会う機会が生まれてくるのが在宅医療の世界だ。もちろん在宅医療に携わる目的はそれだけではないが、私のような経営者の立場からすると、やはり薬剤師にはこれを経験してほしいと思う。

クオールの薬剤師は、施設でも個人宅でも相当な件数に携わっており、患者さまの死に立ち会う経験はかなり積んでいるはずだ。社内での教育も大事だが、もっと大切な命に関わる教育に他ならない。私自身が年齢を重ねてきていることもあり、余計にそう思う。

医師や看護師とともに在宅医療で患者さまに対応するというのは、薬剤師としての大きな成長につながる。医療の知識はもちろん、コミュニケーション能力、書類の整理などの事務処理能力、家族の想いに対する理解など、決して簡単ではない。また、怒鳴られたり脅されたりするケースもあると聞くし、在宅医療に携わった薬剤師がパワハラやセクハラを受けるという問題もある。解決しなければならない課題も多いが、在宅医療の経験は、自身が薬剤師として、そして医療人として大きく成長できる糧となるものだと考えてほしい。

クオールは今後も、在宅医療には積極的に携わっていく。そのためには、やはり薬剤師の採用力と教育が鍵となる。医療に対する想いの強い人財を育てていかないと、通り一遍ではうまくいかない。外から見ているほど簡単なことではない。医師や看護師ならまだしも、薬剤師が在宅医療で十分な薬物療法を提供したり患者さまやご家族と上手に接したりするスキルは簡単には身につかない。これについては薬剤師の想いだけに頼るのではなく、会社が教育や仕組みの中でスキルを身につけられる環境を整えなければならないだろう。

医師と看護師とともに、あるいは単独で訪問し、薬の指導をして残薬を整理して、ご家族からも患者さまからも感謝されて帰ってくる分には何の問題もない。

ただ、やはり在宅となると、わがままな患者さまの家族というのも出てくることがある。程度の差はあるだろうし、クオールの事例を見る限りでは、極端な事例は少ない。ごく稀に、事件事項かなと思うような一歩手前のケースの報告もあるが、全体的に見れば日本人の家庭はそこまで無茶なことを要求することはない。理不尽なことを言われるケースもあり、ストレス耐性が高くないと難しい面はあるが、クオールでは薬剤師の身を守る意味でも、訪問する場合は2人体制をとったり、服装に気をつけたり、細心の注意を払うよう指導を徹底している。

クオールが注力する健康サポート薬局

健康サポート薬局は、２０１６年に厚労省がつくったものだ。保険薬局はただ治療薬を提供するのではなく、患者さまやご家族、それから地域の方々の健康をサポートする拠点になってもらいたい、ということからスタートしている。例えば血圧測定など簡単な健康チェックをしたり、ＯＴＣも含めた薬の相談に応じたりするということである。

これにより、処方箋を持って病気の治療を目的に薬局に足を運ぶだけでなく、処方箋がなくても健康相談とか薬に関する相談をする拠点にしてもらいたいというのが元々の考え方だ。

もし、全国６万軒の薬局がすべてこの機能を備えたら、それは大きな意味があるので私は大賛成だ。私が保険薬局協会の会長の最後の2年くらいで始まったので、クオールからも人財を提供したり、中身については厚労省に聞いたうえで企画し、健康サポート薬局をつくったりもした。資格までいかなくても、講習を受けたうえで健康サポート薬局として認定されるという制度には、クオールも全面的に協力してきた。

薬というのは、サプリメントや健康食品なども含めると、売っているところがバラバラである。売る場合はそのままでかまわないと思うが、地域の方々や患者さま、ご家族が訪れて相談し、アドバイスを受けられる拠点となる健康サポート薬局があったほうがよいのは当然だ。

病院に行くべきかどうかも含めてアドバイスを受けたいという方は、潜在的に多いと思う。

クオールは今、サントリーと組んで2023年4月よりグルコサミンやセサミンなど5品目のサプリメントの取り扱いをスタートした。

サントリーはかつて、自社製のサプリメントをドラッグストアやスーパーマーケットでも販売していたが、価格競争に巻き込まれて返品の山となるなど、なかなか利益が出せないという苦い経験があったそうだ。

利益がなかなか出ない中で、サントリーはサプリメントの店頭販売をほぼやめて、通販だけにするという大きな決断をした。これはうまくいったが、今度は競合商品が次々に出てきた。競合商品が出てくると、通販のみのサントリーは製品説明することが難しい。消費者の立場でも、どの商品がよいのか判断できない。

前述のとおり、サントリーホールディングスの社長となった新浪氏から、クオールグループの薬局でサプリメントを扱ってくれないかという相談を受けたのはそんなときだった。私も健康サポート薬局として、血圧測定以外にも、具体的に何かやらなければ意味がないと考えていたタイミングでもあった。

やはりサプリメントは予防の世界、それからOTCは公衆衛生的な意味があり、介護用品の取り扱いなども必要になると思っていた。いくら健康サポート薬局という看板を掲げても、そうやって具体的に動いていかないと、地域の方々には支持されないだろう。

こうして具体的に動いたのが、サントリーのサプリメントをクオールグループの店舗で取り扱うということだった。

事前にクオールの薬剤師を教育したり、サントリーと共に仕組みを考えたりして、ある一定の仕組みの中で教育された薬剤師のいる薬局で販売する方法を確立したのは今回が初めてだ。つまり会社対会社で約束して始めた初の取り組みであり、健康サポート薬局として、本当の意味で機能するかどうかというのは私も非常に関心を持っている。

サプリメントという「予防」の世界に白衣を着た薬剤師が携わることになる。今後、薬局の役割の中に処方箋を持って訪れた患者さまに医療を提供するだけでなく、本格的な健康拠点として、本当の意味での健康サポート薬局として機能を具体的にしていくきっかけになるのではないかと思っている。

健康サポート薬局への取り組みは、クオールも含めてまだまだ道半ばではあるが、サントリーとの連携は大いに期待しているところだ。

サントリーとの提携が成功したら見える薬局の将来とは

だが、業界全体では、健康サポート薬局の取り組みはここにきて停滞しているように見える。

企業は、簡単明瞭に手間がかからなくて利益が出ればすぐにでもやるだろう。ところが、手間がかかるわりに大きな利益が出るわけでもないとなると、話は変わってくる。健康サポート薬局の機能を備えたところで、調剤報酬が変わるわけではない。だが、むしろこれが健康サポート薬局の主旨なのだ。調剤報酬だけでなく、自主的な経営で、処方箋の保険薬局はプラスアルファと捉えて健康サポート薬局に取り組む、ということだ。

損益は企業が考えるべきことだが、保険薬局の経営者はその考え方が弱い。調剤報酬でなんとかなってしまう調剤薬局は、すべてを用意してもらったうえでの事業に慣れてしまっているからだ。

予防とか健康サポート薬局というのは、行政が用意するものではないし、調剤報酬とは関係なくてよい。健康サポート薬局に指定されたら、調剤基本料が一段高くなるのではないかと期待した人はいたようだが、行政はまったくそんなことは考えていない。

だから今回クオールとサントリーという会社対会社で取り組むことは、利益計算をして決定したという点で大きな意味がある。

クオールとサントリーの連携が成功すれば、非常によいサンプルになる。そうすれば、他の保険薬局チェーンで取り扱ってもらってかまわない。広げていったほうが認知度は高くなるので、そういう成功例をつくりたい。

成功すれば、調剤以外に独自では何もできなかった保険薬局が、大きなメーカーと組んで新しい世界を生み出せると証明できるはずだ。

認定薬局(20)への取り組み

薬剤師側も薬局の機能分化に関心を持ち、きちんと対応しなければ矛盾が生じることはすでに述べた。

在宅医療や認定薬剤師(21)、認定薬局には、おそらく大手であれば対応できるだろう。ところが、対応できない薬局を優遇し、対応できる薬局を不利にしていくのが現状の制度だ。むしろそれにより規模の競争に縛られているわけだが、薬剤師にとってそんな世界がよいはずがない。薬局も医療の進化に合わせて薬局も機能分化するほうが、規模の競争から開放されて生き残れる可能性が高まる。

私が早く機能分化に着手すべきだと主張しているのは、こういった理由もあるのだ。認定薬剤師とか認定薬局とか、あるいは健康サポート薬局(22)とか在宅医療は、大手ならやっていけると想像できる。数は別として、これらに対応することは可能だ。だが小規模の薬局では難しいのではないか。

クオールは地方が強いといわれているが、これは私がかなり意識して指示を出しているからでもある。人口が減ることは間違いないが、人口がゼロになるわけではない。東北や北陸、北海道などでは人口減少が顕著で、高齢化も目立っている。ここに医療ニーズが確かにあるのだ。そして今、国が薬局に望んでいる機能は、いずれも地方の薬局を想定したものであり、そのニーズが高い地域である。

在宅医療にも携わることによって経営的に安定することは事実だ。だが、そこに競争はあまりない。都会でドラッグストアを競合と想定するのであれば、激烈な競争を覚悟しなければならない。だが地方の薬局ならば、薬局の未来像として機能分化しやすい環境にあると思う。都市部と地方では医療ニーズが異なっており、機能分化という面では、今は地方でそういったニーズが安定してあると考えている。

薬局のビジネスにおいて、処方箋の調剤だけが事業だという感覚は、私にはない。ところが、勤務している薬剤師がなかなか変わってくれない。調剤以外のことをお願いしても、なかなか気持ちよくやってくれない面がある。

サントリーとのサプリメントの件も、私はかなり気を使って指示を出している。絶対やってはいけないと指示したのが、販売強化期間を設けて全店舗にランキングをつけるセールスコンペのような施策だ。あくまでも管理部門のトップが動いて、主旨を説明して現場が納得したうえで進めていくようにしてもらいたいのだ。現場のスタッフをねぎらうのであれば、例えばサントリーの飲み物を購入して全店舗に差し入れをするという形が望ましい。

保険薬局のビジネスはこれから変わらなければならない。ドラッグストアのような形態になるという意味ではなく、医療ゾーン、あるいは予防なども含めて、場合によってはリハビリメイクなども可能性があると思う。リハビリメイクまで含めた新しいサプリメントやOTC、高齢者関連の商品を取り扱うことも現実になっていくだろう。もちろん在宅医療の機能や健康サポート薬局、認定薬局、認定薬剤師ということに対しては、熱心に取り組んでいかなければならない。

こういったことに10年も取り組んでいけば、そのときに残っている薬局というのは、今とはまったく形態が変わっているのではないだろうか。

だから私は、どこかのタイミングで新しく開局するクオールの薬局を、設計からすべて変えようと思っている。

今は勉強中だが、発想を完全に変えてみたい。もちろん制度を無視することはないが、今のようにカウンターがあって調剤するという形は、全部変えようと思っている。健康サポート薬局とか認定薬局として認定されたところについては、トイレや衛生関係まで、すべてを変えてみたいのだ。

機能分化で重要なのが薬剤師の意識を変えること

私もサラリーマン経験が27年あるし、働くことの意味合いが医師や看護師と薬剤師、あるいは一般企業のサラリーマンでは異なることは理解できる。これは私が社員教育の場面でよく話すことでもある。

これを浸透させられるかどうかという点が、非常に難しい。社員それぞれには生活があるし、いろいろなものと比較してしまうこともある。人それぞれの価値観を、ひとつの形に変えるというのは至難の業だ。

そういう面から言えば、保険薬局は「販売する」という機能に対して非常に抵抗があると思う。それもそのはずで、慣れていないし、経営者もやらせてこなかったし、現場もやってこなかったからだ。

それが健康サポート薬局になったら、健康に関する商品を販売することになる。ここに社員の意識を持っていくには、強烈なリーダーシップが必要だ。社内制度も給与体系から資格制度まで全部変えないと、言葉だけでは説得力を持たない。

新しいことにチャレンジする際に、新しいコストが発生するのは事実である。人件費や施設への投資など、さまざまな面でお金がかかる。簡単にはいかないが、これを実現することが差別化にもなる。

ここで問われるのが経営力だ。経営に余裕がないと、その方向へ向かうことすらできない。ギリギリの利益でやっていると、現状を守るだけで精いっぱいになる。クオールグループで言えば、例えばＭＲ(23)派遣を行う関連会社であるアポプラスステーションで利益が生まれると、薬局以外で利益が増えることになる。

経営は一本だから、こういう余裕があれば、対応を変えたり体制を変えたりできる。

これをやり切れる経営力がなければ、最終的には勝ち組にはなれないだろう。経営の責任とは何かと考えると、数値に対する責任は当然ある。これに加え、新しい機能を開発することにより、利益性を高めて実現できることを増やしていくことではないだろうか。これが経営者に求められる役割であり、私はこれまでもそうしてきたつもりだ。

だが、保険薬局の経営者で、こう考える人はあまりいないように見える。会社が高く売却できるかどうかという点ばかり気にする人が多いのではないか。薬局では薬剤師がたくさん働いているのに、だ。

経営としては、してはいけないことがないので、実は暴走することも可能だ。だからこそクオールグループは、薬という範囲から絶対に外れないようにしている。クオールグループの人財にとっては何のプラスにもならないのである。薬という範囲で仕事をしている限りは、薬剤師の活躍の場があることを意味する。社員を引っ張っていくうえでは、これは非常に重要な判断だと考えている。

保険薬局だけに頼らない関連事業への注力

一方で、保険薬局の事業だけに頼らない、医療関連事業については、今後も伸ばしていくべき分野であると考えている。

実は私は、ドラッグストアを50店舗ほど運営した経験がある。さまざまな経緯があり、50店舗をタダでいいから引き取ってほしいという話になった。しかも持参金を付けたうえに在庫もタダであげるという。

結論から言えば、タダほど高いものはない、の一言に尽きる。このとき私は、小売の在庫管理や仕入れ、値付けの難しさを知った。それから競争に勝つための方法やノウハウというものも、私は何も持ち合わせていなかった。保険薬局とはまったくの別物であり、多少の赤字が出るという状況だった。

結局、クオールグループが株式上場を目指す審査の中で、「赤字企業があると上場できない」と指導を受けたこともあり、売却することになった。物を売ることとクオールがやってきたことは全然違うということを認識した。自分たちにはそういう力はない、と。

ただ、今となっては大規模企業に成長したドラッグストアチェーンも、当時はまだ出始めの小さな企業でしかなかった。もし、当時の私にドラッグストアを経営する能力があれば、今そちらの業界でトップになっていただろう、という笑い話だけが残った失敗であった。

前述したように、現在クオールグループの薬局ではサントリーのサプリメントを扱っている。形のうえでは販売しているように見えるが、実はいわゆる小売とは大きく異なる。

テレビＣＭなどの通販では１００カプセル入りの商品を紹介して販売しているが、クオールの薬局で販売しているのは、１週間分のお試しセットである。サントリーにはクオール用にこういったセットをつくってもらい、１週間分を１０００円程度の価格で販売しているのだ。それで睡眠がとりやすくなったとか、関節が楽になったとか、そういうことを薬剤師に相談したうえで、定期購買申込書に記入してもらうようになっている。

この定期購買申込書はサントリーの通販部とつながっているので、それ以降はサントリーから利用者のもとに通販で直接販売されるという仕組みにした。だからクオールの薬局でお試しセットを購入してもらうのは、最初の1~2回くらいだ。

もし、900店舗で通常商品を販売するとなると、在庫管理が大変なことになる。不良在庫を抱え、売れても利益が出せないということにもなる。

そこでサントリーと共に考えたのが、クオールが通常商品の在庫を持たないこの方法だった。何よりも利用者にとっては、白衣を着た薬剤師に相談したうえで、そのサプリメントを本格的に購入するかどうかを決められる。まさに三者がウィン・ウィン・ウィンの関係になるのである。

第5章

「医療」「健康」をキーワードとした社会問題に取り組む

地域の子育てを支援する「子育て大学」と女性の活躍

クオールで働く薬剤師や医療事務の社員には、子育て経験を持つ人が多くいる。彼・彼女らの専門的な知識と子育ての経験を合わせて、地域で子育てしている人たちを支援したいという発想から、2016年9月にスタートしたのが「子育て大学」だ。

地域の小児科クリニックと連携し、来院する患者さまやそのご家族を中心に告知し、定期的に医師や薬剤師といった専門家の講師を招いて開催するセミナーである。テーマは子育てに関する悩み、発達に関する知識、生活の工夫など、子育てに関する幅広い事柄を扱っている。

子育て大学はまた、女性の活躍の場を拡げるため、クオールが企業として変えていかなければならない要素の1つとして生まれたものでもある。

私がこう考えるきっかけになったのが、埼玉県で女性向けの病院である愛和病院の取り組みを見せてもらったことだ。女性向け病院というのは、産科・小児科があり、さらに不妊、避妊、生理の悩みや更年期障害の治療など、女性特有の疾病などに対応する病院だ。

愛和病院は、産科を専門として大きくなった病院である。

若い夫婦に子供ができたときに、昔は同居または近隣に住む祖父母や両親を頼ることができた。今、地方から首都圏に出てきた2人が結婚して子供ができると、子育てについて相談できる人が近くにいない。地方にいれば、比較的近くに両親がいるため助けてもらえるが、そういう存在がいない。

愛和病院は、このことを考慮し、愛和病院で出産した若い夫婦を対象とする施設をつくり、約1週間から10日間、その施設に赤ちゃんと一緒に夫婦で宿泊してもらうというサービスを開始したのだ。滞在中は、助産師や看護師から子育てのアドバイスをしてもらい、ひととおり経験してから自宅に戻ってもらうという。

この施設を視察させてもらったが、病院とは大きく異なる立派なホテルのような構えで、あまり日本では例がないものだなと感じた。ここまでやるのかと思うほどのこだわりが詰まった施設で、この病院で出産すれば、安心して子育てのことを教えてもらえる環境が整えられている。もちろん料金はかかるが、この施設を実現した理事長とその奥様の理念に共感を覚えた。

薬局は開局して形さえ整えれば運営できてしまうが、私はそれでよいとは思っていない。今はそのような形でできてしまっているが、医療機関については愛和病院のように、小児科だけでなく終末期医療なども含めてさまざまな形でカバーする施設が増えている。こういう世界は、薬局では相当フィロソフィーが高くないと、つまり経営層の価値意識が高くないとできないことだ。クオールが重度障がい者を積極的に採用するクオールアシストを立ち上げた10数年前の考え方と同じだ。

これとよく似た価値観で、特に薬局が勤務するスタッフの60~70%を女性が占める職場である以上は、子育てをはじめ女性が活躍する環境を整えなければならない。それに現在は、特に外国の、主にヨーロッパ系の投資家からも厳しく指摘されることもある。こういう考え方は、今後も日本にどんどん入ってくるだろう。だからこそクオールのように女性がたくさん働いている企業が、いの一番に取り組んでいかなければならない。

一方で、投資する力があっても、管理する能力がある人がいないと難しい。大都会では保育所などを経営できればよいのだろうが、これを維持管理していくのは一筋縄ではいかない。経営力に余力がないとできないことなので、この分野に対する投資や仕組みの開発は、女性が多いクオールのような企業が先頭を切って取り組んでいくべきだろう。

予約診療というのはずいぶん進んできているが、薬局で予約調剤という話は聞いたことがない。朝9時から夕方5時あるいは6時まで開けており、いつ来てもよいというのが現在のスタンスだ。

だが、ある面ではこれが不合理を生んでいる部分もある。もし予約調剤が実現すれば、一定時間に患者さまを集中させて、残りの時間に子育て経験のある薬剤師に、子育て大学の業務を行ってもらうことも可能だが、実際のところ簡単には実現できない。

医療を担っているがゆえにスムーズにいかない部分はたくさんある。働き方改革というのは、勤務時間の問題がある。私たちは当たり前に9時から6時と思っているが、子育て中だったら9時から3時でよいとする。給与もその時間分だけでかまわないというニーズは実は多い。それにもかかわらず、多くの企業はそれを崩さない。

また、男性の育児休暇取得についても同様である。育児休暇が3カ月間認められ、賞与がなくなり各種手当もすべてなくなるが、基本給の約70%を国が補填し、企業は残りの約30%を負担すればよい仕組みになっている。導入しやすい社会になっているように見えるのだが、この仕組みがあるのに導入する企業は増えていない。

なぜかといえば、それは人財の余裕度の問題があるからだ。

クオールは、週40時間の変形労働時間制だが、土曜日や日曜日も営業している店舗がほとんどだ。そうすると、平日に休みを取得してもらうためのシフトを組まなければならない。場合によっては、夜6時で終わらず7時や8時まで開けていなければならない薬局もあるので、その時間分のシフトを組んでいる。そのときに3時で終わりますという人が1人、2人と出てきたら、人を増やさないとこのシフトが組めなくなる。人を増やしてまでやるとなると、今度はコストが合わないということになってくる。薬剤師の働き方改革というものについては、一般の企業とは少し異なるところはあるが、工夫できるだけの経営の余裕があれば、実現は可能だと思う。

また、これはお金だけの問題ではなく、採用力の問題でもある。中途採用であれ新卒採用であれ、医療事務スタッフも薬剤師も、自社に貢献してくれる人財をいつでも獲得できる力があれば、実現に大きく近づくことになる。いずれにしても、これは今後の大きなテーマだ。

東日本大震災で得た災害対策への想い

クオールは災害対策にも大きな力を注いでいる。

起点となったのは、2011年の東日本大震災だ。あのときに経験したことは、今でも強烈な印象とともに記憶に鮮明に残っている。地震だけでなく、津波による大きな被害、さらに原発事故に対する「不安」への対応がとても大変だった。

東日本大震災が発生する前には、クオールの組織には災害対策を前提とした部署は存在しなかった。それで数年前に、災害対策部という組織をつくり、責任者を決めたのだ。それから備蓄品についても、社員にはヘルメットなどの防災用品を配布し、会議室には非常食や飲料水をストックするようにした。もちろん東京の本社だけでなく、地方でも同じような形で災害対策を行っている。

東日本大震災は、事前の準備がいかに大事か、身をもって知るきっかけとなった。災害が起こってからでは手をつけようがない。新幹線は運休する、航空便も欠航する。当時はたまたま現地でいろいろな準備をしていたため、最低限の対応ができたに過ぎない。900店舗という規模になれば、災害対策は非常に重要だ。全国で一斉に起こるわけではなく、地震や津波、水害、火山の噴火など形もさまざまだ。どの地域でどんな災害が起こるかもわからない。だから日頃の準備が大切なのだ。

また、私は本社勤務の社員に、鉄道が動いたらすぐに被災地に向かい、各店舗を回って被害状況を目で見て確認するように伝えている。通信事業者との契約で安否確認サービスは利用しているが、これに頼り切ってはいけない。この種のサービスでわかるのは、あくまでも現地の人が無事かどうかだけなのだ。

例えば2023年夏には、速度の遅い台風が沖縄を直撃し、大きな被害が出た。現地の人は体が無事でも、停電が発生し、食料品も残り少なくなってくる。安否確認サービスで無事を確認しても、生活そのものが成り立たなくなっていく様子まではわからない。自宅でこういう状況に陥ってしまうと、薬局の出勤者が確保できなくなっていく。そこまでの安否確認ではないのだから、実際に現地で起こっていることを把握できないと本当の対応はできない。だから、それを教訓にして事前に対応しておくのが最も望ましい。乾電池を備蓄しておくとか、携帯電話を充電できる機器を用意しておくとか、保存食やヘルメットを用意しておくとか、できることは少なくない。日頃からやっておかないと、結局は対応できないのだ。

冬の北海道や東北、新潟などでは大雪による大きな被害が毎年のように起こっている。私は災害対策についていろいろと考えるまでは、大雪が災害だという認識がなかった。雪が積もれば、社員が車を動かせずに自宅から出られず、出勤できない場合はどうするのか。また、薬が必要な患者さまが同じような状況になっていたらどうするのか。どれくらい降ったら、ということではなく、大雪を災害時の対応の中に位置付けて現場が連携を取るべきなのだ。

忘れられない東北での陣頭指揮

創業者だから余計にそうなのかもしれないが、災害対応について、私は社内で最もうるさく指示している人間ではないだろうか。その転機となったのは、東日本大震災であることは間違いない。あのときは、ずっと本社に寝泊まりして対応したし、今から思えば考えられないこともやった。

現地では電気もガスも水道も止まっている。まずは水を大量に送ることを考えたが、発災直後の高速道路は、一般の車両の通行が制限されていた。だが、消防や警察、自衛隊などの救急車両の通行は認められていたので、そこに目をつけた。厚労省に足を運び、「保険薬局を運営しているのだが、現状では薬局としての機能が果たせない。私たちの車両を救急車両として認めてもらえれば、こちらから物資を送ったり社員を応援に行かせたりできる」と直談判したところ、厚労省の職員も納得してくれて通行許可証を何枚か取得できた。このことは、同業の大手チェーン薬局とも共有した。薬局業界全体で支援することには何のためらいも感じなかった。

本社勤務の社員には、手分けして必要物資を購入するよう指示を出した。缶詰にトイレットペーパー、電池、充電器、ガスコンロ、ガスボンベなど、あらん限りの物資を買い集めた。実家が米農家の社員にも相談し、30キロ入りの米袋にして10袋分の米を譲ってもらった。米だけ送っても各薬局には炊飯器などない。そこで社員を秋葉原に向かわせ、家電量販店で炊飯器を20台購入してきてもらった。これらを現地に送ったところ、被災地の社員に温かい食事を提供でき、現地の社員も喜んだそうだ。さらに、提携関係にあったローソンからも大量の水を融通してもらい、被災地の薬局はもちろん、各地の病院にも届けた。企業間の友情に感激しつつ、こうした物資の支援は、約3カ月続けた。また、薬剤師と医療事務スタッフの応援派遣も4月末まで行い、福島県のビッグパレットふくしま避難所への支援は8月末まで継続した。

そして、原発事故現場で働く人たちの健康管理とサポートを行っていたのが、クオールが連携をとっていた福島県郡山市にある総合南東北病院の医師たちだった。この南東北病院から、万が一放射線を浴びてしまっても、服用することで体内の放射線をスムーズに排出するとされている甲状腺ホルモン製剤の「チラーヂン」という薬の供給要請があった。全国の店舗に確認すると、錠剤に加え原末もあるという。原末は厚労省の許可を得て、オフィスで調剤し、現地に届けることができた。

残念ながら、宮城県の志津川調剤薬局は津波による被害で全壊してしまった。だが幸いなことに、クオールの社員は全員の無事が確認できた。その確認ができたとき、本社では拍手が起こり、誰もが安堵して喜んだことを覚えている。

だが、人間とは忘れる生き物だ。今、震災直後のような意識で災害対策を考えている社員がどれだけいるだろうか。

そんな懸念もあり、震災から10年という節目となった2021年には、『絆』と題した社内報の別冊を作成し、あのときのことを忘れず、防災に対する意識を持ち続けてもらおうとしている。

第6章

医療・ヘルスケア事業の取り組み

制度に依存しない「医療関連事業」

現在クオールグループには、保険薬局事業と医療関連事業という2つの柱がある。医療関連事業には、CSO(24)・CRO(25)事業のアポプラスステーション、医療系人材紹介派遣事業のアポプラスキャリア、医薬品製造販売事業の藤永製薬、出版関連事業のメディカルクオールが含まれている。

保険薬局というのは、国民皆保険制度があって成り立っている仕事である。高齢化が進むにつれて、この制度は財政的にどんどん厳しくなっている。現在は個人負担が3割だが、窓口での負担がこれを超えると国民皆保険制度の意味がなくなり、制度自体が崩壊しかねない。負担割合が5割を超えるようになれば、個人で保険をかけたほうがよくなってしまう。こうなることは以前から指摘されていたわけで、保険薬局を健全に経営するためには、調剤報酬がもっとほしいとか大手チェーンがどうとか、不平不満ばかり言うのではなく、別の領域での利益を大きくすべきだと考えた結果、医療関連事業を柱の1つにするという判断になった。極端な言い方をすれば、自らの努力で関連事業を膨らませて、その利益を足してやればよい、という思いである。

クオールグループでは以前から人材紹介派遣や出版事業は手掛けていたが、全体を支える利益が出るような大きな事業ではなかった。今から12~13年前だろうか、何かないだろうかと考えていたところ、かねてから付き合いのあったアポプラスステーションが浮上した。創業時に薬剤師が採用できなかったため、アポプラスステーションで薬剤師の斡旋や紹介をしてもらい、ずいぶん助けてもらったことがある。そのアポプラスステーションが別事業に乗り出したものの、残念ながら失敗してしまったため、薬局事業と人材紹介派遣を売却しなければならなくなったのだ。

当時の私はMRの派遣などよくわからず、実はあまり深く考えていなかったのだが、大きな赤字がある高い買い物だとわかっていても手を付けなければいけないと直感した。それが現在は売上高が約120億、利益が20億弱になっている。

とは言え保険薬局事業の売上高1500億、利益115億を支えることにはならない。今後も必要とされる事業ではあるものの、飛躍的な成長には時間がかかる。

直接交渉で買収したクオールの「夢」

２０２３年、クオールは後発医薬品の製造販売事業を手掛ける第一三共エスファの買収を発表した。

私は元々製薬メーカーの事業を手掛けたいという想いがあったため、第一三共エスファの買収に至ったのである。

まったく新しいビジネスモデルのため、各方面からご指摘・妬みを買う可能性もある。ただし、私たちとしては法令に触れることは何もしていないし、ご指摘や妬みに対しては真摯に対応していけばよいと考えている。

そしてこの買収にはビルが1軒建つほどの大きな金額が動いたわけだが、私は役員会で「この大金を投入したのは、単に第一三共エスファを買収したという意味にとどまらない。クオールグループの将来の夢を買ったのだ」と話した。幹部にはこの企業の将来の夢という部分を理解できる人財になってほしいし、こういったことにチャレンジする人が出てきてほしい。

そう思ってはいるのだが、長い間調剤報酬に守られた業態に慣れてしまっているため、意識を変えるのは簡単ではない。

だが、これはやはり変えなければならない。いずれダメな部分がたくさん出てくるだろう。近年では会社を売却する人が増えているようだが、後継者がいないか、お金がほしかったから、という理由くらいしか私には思いつかない。健全に企業を継続するにはどんな条件が必要であるか、根本的に理解しなければならないのだ。クオールにおいても、これを理解する人がいなければ、第一三共エスファの成功もないと考えている。

だからこそ私は「クオールの、皆さんの夢を買った」と表現したのだ。その夢を一丸となって実現しようじゃないか、と。

これからのクオールの幹部と社員がそのように考え、その方向に進んでくれれば、第一三共エスファの事業は成功すると思う。

経営者として直接話法で社員に語りかける

医療関連事業とは少し離れた話になるが、経営者が向いている方向に社員を向かせるのは大変なことである。最も簡単な方法は、全社員に直接語りかけることだ。

クオールではこれまで、調剤報酬が減ったときや、さまざまな事故があったときも、北海道から沖縄まで10カ所くらいで社員に集まってもらい、私が直接語りかけてきた。研修も有効な手段だ。私の考え方は、研修という形をとっていても、そこは社員を啓発する場である。これはオンラインやビデオメッセージなどで済む話ではなく、直接話法で語りかけるのが最も正しいやり方である。だからこそ組織にはトップが必要であり、会社には経営者が必要なのだ。

クオールグループの規模になってくると難しい面があるのもわかっている。時代が変わってきていることもわかっている。画像や動画など、さまざまな方法も使わなければならない。だが、基本は直接話法であることを忘れてはいけない。

ずっと続けてきた本業ほど得意なものはない

クオールの事業の柱は、保険薬局事業であることは間違いない。医療関連事業はこれから育てていくものである。

事業を推進していくにあたって非常に重要なことは、「ずっと続けてきた本業ほど得意なものはない」ということだ。

その本業には、人財を含めて素晴らしいものがたくさんある。本業が少し縮小してきたからといって捨ててしまい、他のものに飛びついたら、ほとんどのケースが失敗する。本業を守り、さらに発展させることを考えたうえで新しいことに挑戦するなら成功する可能性は高まる。だが、これは経営者にとってはイバラの道を歩むに等しい。

クオールで言えば、将来的に見て第一三共エスファの売上高と利益がどれだけ大きくなったとしても、「本業は保険薬局である」と私は宣言している。これを変えてはならない。

変えようなどという考えを持った瞬間に、クオールは失敗の世界に向かって突き進むとまで思っている。

1つの業種で事業を推進し、生き延びるのが難しい時代になっている。一方が厳しくなったらもう一方で支えるものを持たないといけない。日本の名だたる企業を見ていると、どんな業種であっても同じことが言えるのではないか。経営者が単一の事業で成功を収めれば収めるほど、逆に危機感は募ってくる。

そして、第一三共エスファについては、公平でなければいけないと考えている。クオールだけが直接仕入れる、ということがあってはならない。従来どおり、クオールも他社の薬局と同様に医薬品卸を通じて仕入れていく。直接仕入れてしまえばコストはかなり違うが、目先の近道を通ろうとすれば、最終的には遠回りになってしまう。信頼を失うことがあってはならない。

保険薬局事業と医療関連事業の理想的な割合とは

2023年3月期決算では、連結売上高に占める医療関連事業の割合は9％だった。同じく営業利益は12％だ。医療関連事業には、まだまだ伸びる余地があると私は期待している。

将来は、医療関連事業の割合が売上40〜50％くらいまで増えてくれれば、真の意味での安定経営になるのではないだろうか。

私はクオールで営業の開発を担当している幹部・社員に「今持っているものよりも付加価値の高いものに資本を投下するのが正しいやり方だ」と話している。聞こえのよい案件だけど付加価値が低いものに投資するのであれば、保険薬局事業だけやっているほうがよい。

保険薬局事業の利益率は5〜6％程度で推移しているが、製造業であれば10％以上を見込める。同じ資本を投下するのであれば、後者のほうが効率は高い。私の判断はこれに尽きると言っても過言ではない。

それと、薬を扱ってきた企業である以上は、薬や医療という領域から外れないことも重要だ。多少の儲けが出て利益があると、脚光を浴びる事業に手を出したがる経営者は多い。

私はそれが悪いことだとは思わない。クオールにもそういった話は多々あったが、残念ながらいずれも付加価値が高い事業とは言い難い案件だったため、すべて見送ってきた。

ちなみに、薬局を開局してもオープニングセレモニーを行うようなことは基本的にない。クオールで言えば、ローソンとの提携による一号店がオープンしたときくらいである。薬局のオープンには行政も地域も知らん顔だ。

医療関連事業が生み出すもう1つの利益

第一三共エスファの買収については、詳細を書くことができないような事情があった。さまざまな事情が複雑に絡み合っていたため、最終的な判断を下すには社内外の情報を集め、それを整理しなければならなかった。社外情報は誰もがアンテナを高くして注意しているが、社内情報に疎い人は意外と多い。だから私は幹部社員に対し、社内情報の重要性を説いている。

私は社内情報も知らずに自分の仕事を推進できるとは思わない。せめて各部署の部長以上は、社内情報をしっかり把握したうえで組織を動かさなければ、よい仕事はできない。部下を育てることだってできないだろう。

関連事業を増やすと、新しい仕事が増えることになる。だからクオールでも新しい仕事を切り盛りできる人財を育成できるような組織をつくり出していかなければならない。場合によっては、既存の組織に新しい組織を付け加える形でかまわないのだ。

例えば第一三共エスファを買収したのだから、専門の部署をつくればよい。私の本音はそれが希望なのだが、気づく人は少ない。新しい組織をつくらず、既存の部長の下に新しい仕事を付けるという発想になってしまう。

組織論や人材育成論という基本的な分野を勉強した人や、それをもとに苦しいことを経験した人であればすぐにわかってくれる。失敗するときは、勉強する時間やそれだけの経験などの基礎がないまま放置したときである。

アポプラスステーションがどんどん成長してきて、第一三共エスファもクオールグループの一員になったら、その利益を人財育成のコストとして使ってもかまわない。新しい管理職が生まれることにもつながるので、社員の幸せにもつながる。医療関連事業が生み出すもう1つの利益とは、まさにこのことなのだ。

第7章

「働けない」から「働ける」へ、重度障がい者の雇用を創出

クオールアシスト設立以前の活動

メディアなどで取り上げられることは少ないが、クオールグループには2009年2月に設立した「クオールアシスト」という特例子会社がある。特例子会社とは、障がい者の各々の障害に適した仕事の開発と積極採用を目的とする会社だ。保険薬局企業で特例子会社を設立したのは、クオールが全国で初めてだった。

クオールアシストの設立に至った私の想いは、実は創業直後から続いていたものだ。当時、難病の子供たちの夢の実現を後押しする「メイク・ア・ウィッシュ」という活動に出逢った。千代田区・三番町に本社を移転した頃に、隣の二番町にメイク・ア・ウィッシュの事務局があることを偶然知ったのがきっかけだ。そこで私から事務局を訪ね、当時の事務局長と知り合った。この方とはすぐに意気投合し、クオールが医療に携わる会社であることから、募金に協力したり、クオールの学術大会で場所を提供して情報交換したり、さまざまな形で積極的に関わってきた。

企業の規模が大きくなってくると、障害者雇用促進法に基づき、障がい者の雇用が義務付けられる。もちろん私はそのことを知っていたが、まだまだ会社は小さく、人材面での余裕もなかった。だから当時は年間３０００万～５０００万円程度の納付金を納めることで済ませていたのだが、私には医療に携わる企業がこれではいけない、という想いが常にあった。

医療に携わる企業だと標榜するのであれば、苦しむ人に対する理解がない社員がいてはならない。この「医療の原点」を理解できない社員が集まっているのでは、クオールが存在する意味がないとまで考えていた。そんなことを考えている間にも、さまざまな方々からたくさんのアイデアをいただいた。そして、あらゆる工夫をして実際に障がい者を雇用している会社がたくさんあることも知った。

ところが、工夫して障がい者を雇用している会社でさえ、大半が重度ではない身体障がい者であることもわかってきた。重度ではない身体障がい者の人というのは、多少のアシストは必要でも、ほぼ普通どおりに働ける人たちだ。上手に組織の中に組み込めば、働いてもらうことは可能である。実はクオールでも障がい者を雇用し始めた頃、身体障害者手帳3級までの人に薬局で働いてもらったことがある。ただ、薬剤師や医療事務スタッフのスピード感となかなか合わない。現場でもサポート方法などを工夫してもらったがうまくいかず、また納付金で済ませる状況に戻ってしまった。

それでも私は諦めずにあちこちで情報を集め続けた。すると、クリーニング業務を障がい者に提供している企業があるという話が耳に入ってきた。

クオールでは薬局勤務の社員が当時3000〜4000人いて、勤務中に着用する白衣を毎週クリーニングに出していた。実際にクリーニング業を手掛ける企業を買収し、その企業で障がい者を雇用すればよいのではないか。そして薬局勤務の社員が激励や感謝の気持ちを添えたメッセージを付けて白衣をクリーニングに出し、各薬局に白衣を戻す際には障がい者スタッフからお礼の言葉を添えるようなやりとりができれば、大きな意味があると考えた。

だが、よくよく調べてみると、近年のクリーニングというのは特殊な薬剤を使用するケースもあるという。経営者としては、障がい者であろうが健常者であろうが、危険を伴う業務に専門家でもない社員を就かせるわけにはいかない。

クオールアシストを任せられる人財との運命的な出逢い

そんな折に出逢ったのが、クオールグループの関係会社に勤めていた青木 英君だ。親しみと感謝を込めて、あえてここでは「青木君」と記すことにする。先に書いておくが、青木君の存在なしにクオールアシストが現在のような形になることはなかったと断言できる。それくらいクオールアシストにとって大きな存在となった彼との出逢いは、私は運命的だったと思っており、今なお感謝の気持ちでいっぱいだ。

実は彼自身も身体障害者手帳5級の障がい者である。その青木君は、障がい者を支援するさまざまな団体の活動にボランティアで参加していることを知った。そこで彼に「クオールとして障がい者を雇用する用意がある。ぜひ手伝ってほしい」とお願いし、協力してもらうことになったのが発端だった。

経営者として打算的な話をすると、重度の障がい者を雇用したほうが、障がい者雇用の点数を多く稼げる。企業としては雇用人数を抑えられるし、雇用した障がい者は社会参加という充実感を得られることになり、互いに助かる。

　こういう情報を教えてくれたのも青木君であり、彼の指導のもとで準備を進めていった。

　その時に青木君から教わったのは、1・2級の障がい者は、やはり自分で自由に動けない人が圧倒的に多い、という事実だった。手足に麻痺がある、座位が保てない、こういう人たちは、日本では家庭で過ごしていることがほとんどで、働いて給料をもらう、社会貢献をするという、健常者であれば当たり前のことを実現できずにいる。ご家族を含めて大変難しい生活を送っているということも、青木君から教わった。

　そもそも私は、クオールアシストで大きな利益を出すつもりはさらさらなかった。だからこそ、思い切って重度障がいの方々を対象にした特例子会社をつくろうじゃないかということで準備を進めていったのだ。

忘れられない家族の言葉

クオールアシストが受注する業務の約90％は、クオール本体が発注する仕事だ。主な業務としては、クオールグループの社員の名刺の制作や社員が使う年賀状の制作、学術大会のポスター制作、店舗のシフトを就業管理ソフトに入力する作業、ホームページ制作、といったものだ。全員が在宅で仕事ができるように、パソコンなど必要な機材はすべて準備した。

一言で重度の障がい者といっても、障がいの種類や度合いは50人いれば50通りある。寝たきりの人もいれば、両手両足が完全でない人もいる。だから必要な機材を準備する際にも、整形外科学会や各都道府県の障がい者支援チームのアドバイスに則って行った。

また、クオールアシストを設立し、実際に重度障がい者に仕事をしてもらう段階においても、予想していなかったトラブルは後を絶たなかった。主に健康面でのトラブル、精神的な部分でのトラブル、あるいは誤解が生じたときのトラブルなどである。こういうトラブルへの対処は、クオールの社員は慣れていない。青木君には、こういう面でも非常に助けてもらった。

私が聞いた話では、クオールアシストのある社員は、自宅の1部屋を完全に仕事部屋として独立させ、朝食を済ませたら身支度をして、ドア1枚隔てた先の部屋に「行ってきます」と言って「出勤」しているという。昼休みには部屋から出てきて昼食をとり、また仕事部屋に戻って午後の仕事を始めるそうだ。

在宅勤務であっても、このようにメリハリをつけて仕事をすることに喜びを感じてくれる社員が多いという。

これを聞いて私は本当に嬉しくなった。

そこでクオールアシストの社員同士で情報交換する機会と、友達をつくる機会を設けたいと思い、社員総会を開催することを決定した。会場は東京国際フォーラムの5階にあるレストラン。私はこのレストランがユニバーサルデザインであることをこのとき初めて知った。第1回の総会には、北海道から九州まで、まさに全国から約30人が参加した。クオールから迎えに行く旨を提案したが、「家族とともに自力で行くから不要です」と丁重にお断りを受けた。

余談だが、全国からクオールアシストの社員が東京国際フォーラムの会場に集結した様子を目の当たりにし、日本のバリアフリーはここまで進んでいるのかと実感した。もちろんご家族が付き添ってはいるし、航空会社や新幹線、在来線など鉄道各社の方々の手助けがあってこそだが、重度の障がいを持った人たちが、当たり前のように東京に来ることができるところまで、日本のバリアフリーは進んでいる。

総会には在宅勤務の準備でさまざまなアドバイスをしてくれた整形外科学会の皆さんにも来ていただいた。

出席してくれたある医師は「素晴らしい機会を設けてくれましたね。こんな総会なんて考えられません」と驚いており、その後もさまざまなアドバイスをいただくなど、クオールアシストを応援してくれている。

総会には私も出席したが、ご家族からの「外には出かけなくても、職場を持てたことでメリハリのある生活ができるようになりました。以前とは全然違います」という言葉は忘れられない。本人はもちろんだが、クオールアシストの社員が50人いたら、ご家族を含めた数百人が、障がい者のいる家庭でありながら、少しでも生活に明るさが出たというのであれば私は本当に嬉しい。

重度の障がいを抱えるというのは、本人だけでなくご家族も、私たちが想像できないほど困難な生活を送っている。ご子息やご令嬢が大きな障がいを持ちながらも、やりがいを感じて仕事に携わっている姿を見る喜びは、私たちが想像するより何倍も大きいのではないだろうか。

試練を乗り越えようと努力する姿に学ぶこと

障がい者雇用も一般雇用と同じ最低賃金が設定されており、クオールアシストの社員の多くには、年収として200万円弱ほどを支払っている。国や都道府県の助成金は、重度障がい者の場合でも、3年間で240万円が支払われるのみで、4年目以降は助成金がないだけでなく、この助成金を受けるためには、膨大な量の書類を作成しなければならない。

当然のことだが、こういった手続きについて私はまったくの無知だった。青木君がボランティアでさまざまな支援団体とのコネクションを持ってくれていたおかげで、無事に申請を終えて助成金を受けることができた。残りの給与支払い分のほとんどは、クオールが発注する案件で賄っている。

クオールアシストは、収益を見ればほぼチャラだ。むしろ大きな利益が出たらおかしな話になる。だから私はチャラで万々歳である。仕事を発注した相手がクオールであろうがなかろうが、クオールアシストの社員が一生懸命仕事をして自分の給料を稼いでいるからこそチャラにできているのだ。

「家族」といえば、両親や祖父母、子供たち、兄弟姉妹など含めると20人前後で構成されているケースが多いと思う。その中で、家族全員が健康でお金も潤沢にあって生活に困っておらず、毎日幸せに暮らしていると言い切れる人が、今の世の中にどれだけいるだろうか。おそらくほとんどいないのではないだろうか。子供に障がいがあるとか、祖父母が認知症で困っているとか、親ががんで苦しんでいるとか、20人いれば必ず1人くらい困難に直面しているのではないかと思うのだ。

クオールアシストを設立してつくづく感じたのは、重度の障がいを持った社員だけが困難と向き合っているわけではない、ということだ。人間には、多かれ少なかれ与えられた試練があり、それを正しく理解して正しく努力していくことが生きていくうえでの使命なのだと思う。クオールアシストの社員のすごさを感じるのは、その試練を乗り越えようと努力しているからである。

だからこそ、本当はもっとクオール本社の上層幹部や薬剤師には、重度の障がいを持つ人たちの想いを学んでほしい。私も含めてそれを実践するのは本当に難しい。だが、医療に携わる会社であり、患者さまに寄り添うことを標榜している企業で働く以上は、障がいのある人たちから学ぶことはたくさんあると思う。

クオールアシストの社員総会においては、当日の運営を手伝ってくれる本社勤務の社員がいる。肩書や社歴など関係なく、クオールアシストの社員のような人たちと接点を持つことは、医療の会社に勤める人として勉強になる良い機会だと考えて、熱心に手伝ってくれる社員がいるのだ。

会社というのは能力があって仕事ができる人が絶対的に必要だが、彼らのような優しさや思いやりのある人というのも必要だ。仕事ができる人だけが集まれば会社が正しく運営できるかといえば、きっとそうではないのだと思う。経営者の立場では人を使っていかなければならないのだが、仕事の能力とは別の資質を持った人を使うのも、人財のバラエティーを考えるうえで重要なことだと感じている。

クオールアシストの社員総会のたびに手伝いに来てくれて、優しい言葉をかけて気を配ってくれる社員が、地位に関係なくいることは喜ばしい。そういう人財が本社にいると学べたことは、私にとって大きな収穫だった。

クオールアシストの将来に期待すること

クオールアシストは設立から14年が経過した。障害者雇用のルールは、社員数が増えれば増えるほど増やしていかなければならないが、私は将来においてもクオールアシストを確実に守ってもらいたいと思っている。

よく「私が死んだときには花などいらないが、クオールアシストは残せ」と冗談めかして言っているが、これは本心である。場合によっては、会社を分割してでもかまわない。１００人雇用するのが難しければ、50人ずつの会社に分けるのも手だ。社員の業務内容を分析し、業務の分野ごとに会社を分けるとか、手段はいくらでもある。それぞれの障がい者の特性に合ったやりがいのある仕事を２つの会社に振り分けていけば、もっとよい会社になるのではないかとも思っている。

私の代では今の形が完成形だと思うが、ニーズが増えていけば次のステップに向けて柔軟に対応していってもらいたい。

青木君は会社を辞めざるを得ない理由があってクオールアシストを去ったが、その後に社長に抜擢した松原恵利香さんにも感謝したい。

松原社長は、私のクオールアシストに対する想いを理解してくれている。クオールアシストは、クオールグループがつぶれない限り、消えることは絶対にないと思う。

その松原社長は、私の前では「やりがいのある仕事です。頑張ります」としか言ってくれない。だが、実際にクオールアシストを管理している松原社長と社員の皆さんは大変な思いをしているはずだ。そして今、松原社長以外にこの想いを引き継いでくれる人が少ないように思う。今は松原社長に任せっぱなし、というのが実態だろう。

問題があれば本社でも話題になるのだろうが、松原社長が上手に経営してくれているから、余計にクオール本社ではその存在を忘れてしまう。定期的に社内報で取り上げたり、たまにはクオール本社の上層幹部が激励に足を運んだりすればよいのだが、そのような様子はなかなか私の目には映らない。これは組織として強制することではなく、自主的な動きでない限り相手には伝わらないし、強制すれば場合によってはマイナスになりかねない。

私の想い、青木君の想い、松原社長の想いを理解してくれる社員が1人でも増えることを期待したい。

世の中を見回しても、重度の障がい者を雇用している会社は多くない。クオールアシストがうまくいったのは、第一には青木君という素晴らしい人財に出逢えたことがある。

さらに根底には、クオールが医療に携わる会社であるということだ。クオールで働いているのは大半が医療を担う薬剤師である。薬局で常にさまざまな苦しみを持つ患者さまを相手に、毎日一生懸命仕事をしているわけで、その延長線上で考えてみると、さほど抵抗なく障がい者の雇用に理解を得やすい環境でもあった。青木君や松原社長をはじめ、こういう人たちで構成されている会社であるから、スムーズに進んだ側面はあるだろう。

クオールアシストは、重度の障がい者を50人も雇用している、全国でも珍しい会社だ。さまざまな業界・業種の企業や団体からは視察させてほしいという要望が絶えず、クオールではすべてをオープンにして見てもらっている。

この原稿を執筆している少し前にも、大手家電量販店から視察の要望があった。先方の執行役員が来社し、クオールの取締役が案内して見学してもらった。こういう話をアピールするのもおかしな話なので、メディアが取り上げてくれることは少なく、注目を集めているとは言い難い状況ではある。

それでもクオールアシストは、私が自慢に思う会社の1つである。

第8章

2040年に向けたロードマップ

ドローンを使った医薬品配送

私は好奇心が強い性格で、新しいことに対して大いに興味を示す人間だと自分で思っている。だからドローンと聞いたとき、とても興味をそそられた。それをクオールが広島の江田島で実証実験をするというのだから、こんなチャンスはないと思い、喜んで現地に足を運んだ。こういうケースでも本社から出ない人が多いようだが、私はどうしても自分の目で見てみたくなる。当日はドローンが飛び立つ様子を橋の近くの公園で見守ったわけだが、飛行機やヘリコプターとは異なる独特の飛び方をするドローンの機影を見て、本当にわくわくした。

このとき、離島を訪れてみて実感したのが、離島ならではの生活の不便さだった。2018（平成30）年の西日本豪雨で被害を受けた江田島では、土砂崩れにより道路が寸断されてしまったことで、90歳の女性が病院に行けず薬も受け取れないということもあったそうだ。

離島の厳しい現状を打破する一助になりたい。クオールがドローンでの医薬品配送やオンラインでの服薬指導などに積極的に取り組む理由は、そんなところにある。

この実証実験を見学に行ったとき、私は前日に広島市内で1泊し、当日の朝は船で江田島に向かった。車で移動すると、呉市を経由して島をつなぐ橋を通らなければならず、片道2時間くらいかかってしまう。クオール薬局江田島店に勤務する薬剤師は、毎朝この船で通勤していると聞いた。車や電車ではなく、船で往復しているという。しかも台風が来て船が欠航したら、自分で車を運転し片道2時間近くかけて出勤すると聞き、私は驚愕した。このときはドローンの実証実験の見学が主目的だったが、実際に自分で足を運ぶと、こんな立派な社員の姿を見ることができる。やはり経営者が現地に足を運ぶことは大切なのだ。

江田島に向かう船から空を見上げると、ヘリコプターが何機も飛んでいる。あれは何だと聞いてみると、今回の実証実験を取材するためのメディアのヘリコプターだという。西日本のローカル版ではあったが、夕方のニュースで放送されているのを見て、あらためてすごいことなのだと実感した。

これは大阪万博が1つのきっかけになるといわれている。大阪万博は、空飛ぶタクシーや巻いたコイルを道路に埋め込んで充電しながら電気自動車を走らせるとか、テクノロジーを社会に取り入れた近未来の姿を見せることを目的としている。

配送ということになると、特に離島やへき地にスポットライトが当てられる。だが、江田島の例で言えば、これまでは航空法による規制や、各都道府県や地権者への土地使用許可、万が一、墜落した場合に養殖のいけすを破損した場合の補償を含めた地元漁協の了解など、手続きだけで膨大な作業が必要になってしまう。

しかし、規制改革により以前のような複雑さはなくなってきたので、このようなことがもっと整理されていけば、ドローンでの配送はますます発達するだろう。そういうことに気付くことができるというのも、興味を持って首を突っ込む利点なのだ。

一方で、ドローン配送については、運ぶのが薬だけでは採算が取れず、継続していくことが困難になるといわれている。だからスーパーマーケットやコンビニエンスストアと手を組んで、生活雑貨と一緒に運ぶような仕組みにしていかないと、将来的にはうまくいかないのではないかとも感じているところだ。

人口減少について思うこと

人口の推移や予測を見ると、確かに北海道や青森、秋田、山形などでは人口が減っている。若干増えているのは大都市圏だけだ。競争という視点では、誰もが人口が増えるところで事業を展開したいと考えるだろう。

だが私は、特にM&Aをする際には、人口の減るところ、例えば日本海側、北陸などを積極的に検討するように言っている。高齢者が多いので保険薬局の貢献度が高いうえに、離島でない限り、人口が減ってもゼロになるわけではないからだ。これらの地域では、むしろ競争がない。ドラッグストアがあるわけではないし、近くに競合する薬局もない。事業というのは継続することが前提なのだから、人口が減少しているところで10年くらい続けることができれば、そこからの利益を新しいことに使い、事業の拡大につなげることができる。クオールが東北や日本海側に薬局を展開している理由の1つには、こういったことを強く意識していることもある。

もともと私は、大病院の門前に3〜5軒も薬局が並ぶような場所に薬局を開局することをよしとしてこなかった。

その理由の1つは、土地の取得に多大な資金が必要になるからだ。大学病院の門前でも、クオールの薬局1軒だけでできる場合には出店し、東北など人口の少ない場所ではより積極的に出店していった。

経営者はすべてにおいて勝つことを望みがちだ。保険薬局で言えば、敷地内薬局も複数の門前薬局も、すべて勝とうとするようなものだ。それでうまくいかないと担当者に厳しく当たる。これをやると会社はダメになる。私は最初から、「大病院の前はやめておこう」「中小規模の病院やクリニックと一対一で安心してできるところを取っていこう」、そして「敷地内薬局はやめておこう」と、経営サイドの考え方を明確に示してきた。

もちろん例外はある。クオールでも敷地内薬局がまったくないわけではない。だがこのケースは、すでに門前薬局として病院と一対一の良好な関係を築いているところで、病院が敷地内薬局をやることになり、放っておくと競合に取られてしまう。患者さまの継続的管理が求められる中で、病院と薬局の都合でクオールの薬剤師が撤退することになれば、迷惑を被るのは患者さまなので、その場合は敷地内薬局の対応を行うことになる。

経営者が何を重視して何をしなくてよいかという大方針を示せば、その範囲の中で発破をかけることはある。そして会社の経営で大きな変化を求める場合には、経営トップが自ら開発のために奔走しなければならない。クオールの規模であればそれが可能だ。

例えば、保険薬局の経営が厳しくなってきたら、「新規の患者さまを増やせ」「かかりつけにもっと力を入れろ」となりがちだ。利益を生む要素がこれしかないと考えてしまうと、現場の暴走につながってしまう。

こういったことをどのように収めるかというのが、経営者の手腕だ。それは10年がかりの話になる。

クオールの場合、薬局だけの利益ではなく、医療関連事業との割合を半々くらいまでもっていこうという目標を私自身の中でつくった。

それで最初にアポプラスステーションをクオールグループ傘下に納め、直近の例で言えば第一三共エスファのグループ化があったわけだ。これらはもちろん私が先頭に立って実現したものだ。おそらく来年度計画では、保険薬局事業以外の利益が大きくなるだろう。だがそれでよいのだ。

取締役会でも話したのだが、何のために医療関連事業に注力するかというと、極端な会社運営を避けるためだ。

調剤報酬が多少下がっても会社は安泰なので、社員が安心して働ける。現場の社員には努力して少しでもカバーすることは求めるが、経営者層も責任を果たさなければならない。

上層幹部がこれを理解できなければだめだということは、私は口を酸っぱくして言い続けている。発破をかけるだけなら誰でもできるが、それだけだといずれ現場がトラブルを起こしたり、行き過ぎた営業活動を行って不正行為に手を染めたりしてしまう。そうなると、あとは坂道を転がり落ちるだけになってしまうだろう。

テクノロジーが浸透しないことへの私見

オンライン診療とか電子処方箋がなかなか浸透しないという理由の1つは、日本独自の国民皆保険制度ではないかと思っている。

この制度があるおかげで、テクノロジーを駆使したスピード感がなくても、大多数の国民は安心して過ごすことができてしまう。お金持ちだろうがそうでなかろうが、同じ医療を受けられるという前提があるのだから、国民にとってよい制度であることは間違いない。

テクノロジーを導入すると、おそらくコストは安くなる。浸透しない要因の1つがまさにこれだ。コストが安くなると、医師も薬剤師も収入が少なくなる。ということは、医療法人を含めて淘汰される企業も出てくるだろう。人間が手を動かして行っていたものがテクノロジーに取って代わられるのだから、これは当然である。オンライン診療だと初診料が下がることも想像に難くない。だから医師たちは、「患者の顔を見ないことには正しい診断ができない」などと言って否定的なのだ。

そういう面においては、薬局も同じだ。現状の国民皆保険制度は、効率性が高まってコストが安くなることを拒否する制度と言い換えてもよいかもしれない。

やはり1つの制度ですべてを満たすことはできない。現在の国民皆保険制度のもとで、テクノロジーを導入してコストを抑えながらすべてを満たすことはあり得ない。だから、テクノロジーの導入を推進する側が、この状況をどれだけ理解して、どんな補完措置をとるかということを含めて、特に初動の数年で徹底しないといけないのだ。

国民皆保険制度にも同じような理屈があり、テクノロジーとはなじまない部分があることも理解しなければならない。

一方で、テクノロジーとの融合も、きちんと考えていかなければならない。そのためには、医療法人であろうが保険薬局であろうが、経営のスタイルを変えなければならない。アメリカを例に挙げると、アメリカでは株式会社が病院を経営できる仕組みになっている。幸いなことに、日本では保険薬局は株式会社で経営できる仕組みなので、さまざまなことを自由にやればよい。

クオールで言えば、アポプラスステーションがその最たる例である。医療法人の場合はこれができないが、保険薬局は株式会社で経営できるのだから、自由に関連事業を手掛けることで、今の調剤報酬でもそれほど大きな不満にならず、トータルで辛抱できるというのが私の考えである。

あとはそれが社内になじむかなじまないか、働いている多くの薬剤師にとって役立つ仕事かどうかを考えていけばよいだろう。

2040年でも生き残るためには野心が必要

人口減少に伴い高齢者の割合がピークを迎えるといわれる2040年だが、そういった時代になってもしっかりと生き残るためには、ある程度の「野心」が必要だと思っている。

例えば現在クオールの100%出資子会社のアポプラスステーションは、非常に評価が高い会社になってきた。

私が上層幹部に常々話しているのは、子会社がある程度の規模になってきたら、クオールから子会社の経営に対しては、結果以外に口を挟まず、自由にやらせなければならない、ということだ。

場合によっては、子会社が上場することになってもかまわない。むしろ市場での評価が高くなってきたら、株式の49％は手放してもかまわないとさえ思っている。これを含み益として抱え続けるのか、それとも51％だけ保有しておき、49％を売却して大きな利益を得るのか、その判断をしなければならない。

トップにこういう野心がない組織は、本当はダメだと思っている。社長に野心がまったくない関連会社は、業績が上がらないものだ。逆にその野心を持つ人財がトップにいて能力があれば、こういった方法を選んだほうがよい。本社としては株式の51％さえ持っていれば連結の利益を得られる。１００％を持っている必要性はほぼないのだ。クオールグループでは、アポプラスステーションが該当する。

企業の規模の大小はあまり関係なく、きちんとした利益性と将来性があれば、市場は評価してくれる。

これからの保険薬局事業

今の保険薬局の運営制度は、非常に不合理だ。一般社会の、テクノロジーネイティブの世代から見たら、まったく相反する団体の特定の人たちのためにこの制度が存在しているようなものだ。

財務省などは駅前にある皮膚科や耳鼻科、眼科は、あれほどの数は不要だと言っている。

そこに数兆円が流れているのは事実で、ドラッグストアで購入することができる一般用医薬品(26)で十分だということもわかってきた。それでも患者さまが受診して、初診料を頂戴するだけでなく、場合によっては血液検査もされてお金を支払うという世界を守っているわけだ。

実は薬局にも同じような構造がある。

しかし、機械化がどんどん進んだり、調剤センター(27)のような施設が生まれたりする変化は確実に起こる。

だから私は今、クオールで最先端テクノロジーを備えた大型の薬局をつくるよう指示している。着手しないと進まないので、まずは赤字でもかまわない。そんなプロジェクトを組んで、いわゆる外来の問題ではなく、配送専門のプロバイダから医薬品を配送してもらうような場所をつくるということだ。こういった変化は、病院の世界よりも先に薬局で起こってくると思う。

そう思う理由は2つある。

1つは、日本中にクオールの薬局があるので、利便性が高いということ。

もう1つは、大型の調剤センターを要所々々につくれる体力があるということだ。各都道府県にクオールの薬局があることで、患者さまにとっての利便性は高いし、すべてが大型の調剤センターで済むわけではない。そういう選択肢を得るためにも、今後は医療関連事業の利益を一部こちらの投資に回してでも推進するようにと指示しているところだ。

物流センターでは、ヤマト運輸と組んで集中的に在庫を管理するという試みを行っていて、継続して研究会のようなものも実施している。外部からは、常に時代の先を見据えて動いているように見えるだろうが、私は例えばドローンのようなテクノロジーというものに強い興味があるし、やるのであれば早く形にして見せたほうがよいと考えている。調剤センターも、儲かるかどうか以前に、こうなるのではないかという形を見せたら、まず社内が変わることを期待している面もある。これが仕事の面白さだろう。保守的になるだけでは、守れるものも守れない。

ドラッグストアが躍進している状況で、対抗してドラッグストアを手掛けるわけにはいかない。勝てるはずがない。だからといって負けるのも嫌だ。

それに対応する力や人財はあるし、教育力もある。ならばどこよりも早く調剤センターを形にしてしまえばよい。それはクオールのような会社じゃないとできないという自負がある。

保険薬局の未来を考えるうえでは、第4章で述べたとおり、薬局の機能分化は相当スピードを上げて実現に向けて動かなければならない。

これは第一に患者さまのためであり、医師との正常な関係を構築するためにも必要だ。今起きている問題が起こらないような制度を整えて機能分化していけば、規模だけによる競争や門前・門内の問題、あるいは処方箋の枚数で調剤報酬が決まることもなくなっていく。今はそんな制度が一切ないので、業界団体としては小規模の薬局を守るしかなくなってしまう。

もちろん小規模の薬局にも役割はきちんとある。それを制度によって明確にしなければならない。

病院がクリニック、中核病院、先進医療、高齢者関連と分かれているように、薬局もそれに合った形を制度で整えるのがよい。そうすれば規模の大小にかかわらず、多くの薬局がそれぞれの役割を果たし、役割に見合った調剤報酬を決めていくことが、多くの薬局が生きていく道のはずだ。

「総合ヘルスケアカンパニー」を目指して

クオールで私が決定してきたことは、すべて付加価値のある企業になるためのことだ。クオールの付加価値とは、今、保険薬局で出している利益率より高い利益率の事業に進出することである。しかも、薬という範囲の中で、だ。そうすると資金効率、投資効率がよくなる。

例えば保険薬局の利益率は6％程度だが、メーカーの利益率は12～13％だ。単純に考えれば2倍である。経営者としては、これを目指さなければいけない。

私のもとにはこれまで、介護施設や保育園を手掛けてほしいという話が何度も持ち込まれてきた。残念ながら、熟慮した結果、いずれもクオールの事業とはなっていない。この判断は、まさに資金効率や利益効率を考えたうえで私が下した決断だった。

会社に所属する社員が安心して働ける環境をつくるのが経営者の役割である。競争や制度の変化があっても、きちんとした経営が常に考えられている環境をいかにつくるかが重要だ。これは難しいことではあるが、やはり目指すべきであり、この役割を果たすべきだと思う。

この考え方が上層幹部に備わっていれば、保険薬局の診療報酬が少なくなったり、制度変更が実施されたりしても、会社の屋台骨がびくともしない状況にできる。

調剤報酬や制度変更に不平不満を言うだけでなく、薬局事業を軸として、そこから派生するさまざまな事業を手掛ける「総合ヘルスケアカンパニー」として確立できれば、制度などの外的要因に左右されずに経営を続けていける。

保険薬局協会の会長を務めていたときは、陳情のために厚労省の担当者や国会議員のもとにずいぶん足を運んだものだ。だが、制度にばかり頼っていても限界がある。やはり自分の会社で、少々の批判があろうとも、自助努力を重ねて総合ヘルスケアカンパニーとして利益を安定して得られるようにしておかないといけない。

行政や他人に求めるだけでは無理があるということをつくづく感じた。

おわりに

50歳で起業して30年以上が経過した。第一三共エスファのクオールグループ入りも予定しており、2024年度以降も相当大きな飛躍が期待できる会社になった。この30年を振り返ってみると、私の前には、的確なタイミングで各分野に精通した人に出逢えて助けてもらったことが大きい。少なくとも、私1人の努力だけで今のクオールができたわけではないのは確かだ。

50歳で無職になったときに保険薬局を開かないかと声をかけてくれた病院の院長先生、1号店の兜町薬局の開局が遅れたにもかかわらず、調剤機器のリース料を半年も待ってくださった湯山製作所の湯山社長、クオールの教育を一手に引き受けてくださった近藤先生、竹ノ塚店の開局にあたって融資してくれた銀行の皆さん、クオールアシストの設立に奔走してくれた青木君、ローソンとの提携においてトップ同士で膝を突き合わせて私の話を聞いてくれた当時ローソンの新浪社長、25周年の記念品として百萬塔の制作に携わってくださった大塩さんはじめ職人の皆さん――。

名前を挙げていけばキリがないが、この30年間は、幸運や出逢いの積み重ねだったように思う。今でも「なぜあんなに協力してくれたのだろうか?」「大きな見返りの要求もなく、なぜこんなに助けてくれるのだろう?」と思うことがあるくらい、本当に素晴らしい方々に出逢えたことが、今のクオールにつながっている。そして、この出逢いは今でも続いている。

私の前にこのような素晴らしい方々が現れ続ける理由は、私にはわからない。クオールのため、クオールに携わってくれる方々のために努力してきたことは事実だが、そのような出逢いを計算に入れていたことはもちろんない。

私自身は明るく生きている方だと思う。会社を経営していると、ポジティブなこともあればネガティブなこともある。ネガティブなことがあったときでも、それを一切顔に出さずに努めて明るく振る舞うことは心がけてはいるが、それが素晴らしい方々との出逢いにつながったのかどうかはわからない。私を知る人からすると驚くだろうが、私は元々それほど話し好きな性格ではなかった。だが事業を手掛けている以上は、人と話をしなければ何も進まないので、そうせざるを得なかっただけかもしれない。

ただ、それで自分なりに訓練されてきたのだろう。強い想いを持ってクオールの経営にあたっていた私を、周囲の人たちも想いが強い人だと見てくれていたのではないだろうか。周囲に聞いたことはないので真実はわからないが、協力してくれる人に恵まれたのは、実はそんな理由なのかもしれない。本当に感謝の気持ちでいっぱいだ。

最後になったが、本書を発行するにあたっては、適宜編集の手を入れてくださり出版までの手はずを整えてくれた評言社の皆さん、原稿作成を手伝ってくれた株式会社エニイクリエイティブの皆さんには大変お世話になった。そしてクオール創業から今に至るまで、クオールと私に関わってくださったすべての皆さんにあらためて感謝の気持ちをお伝えし、筆を置きたい。

２０２３年12月吉日

クオールホールディングス株式会社

取締役会長　中村　勝

注釈一覧

（1）陀羅尼経《だらにきょう》　仏教において用いられる呪文的な経典の一種で、サンスクリット語の「ダーラニー」を音訳したものと考えられている。詳細な内容は解明されていないが、仏や菩薩を賛嘆する言葉や願いの成就を求める言葉が記載されているとする説がある。

（2）釉薬《ゆうやく》　陶磁器などの表面を覆うガラス質の層を作り出すために用いる液体の薬品。

（3）神鹿《しんろく》　霊力を持つ鹿や、神の使いとして神社で飼っている鹿のこと。財運や水難除けなどのお守りや、豊穣のシンボルとされる。

（4）左馬《ひだりうま》　「馬」の字を左右反転させると「まう＝舞う」と読めることや、馬には左側から乗ると倒れないという言い伝えなどから、縁起物とされている。

（5）経典　仏の教えや教義を書き記した文章や書物のこと。

（6）薬師如来　正式名称は薬師瑠璃光如来《やくしるりこうにょらい》であり、東方浄瑠璃世界の教主。衆生を病気や苦痛から救い、悟りに至らせようと誓った仏で、古くから医薬の仏として信仰されている。

（7）本尊　仏教寺院や家庭の仏壇において、重要な信仰の対象となる仏像などのこと。

（8）薬師寺の金堂《こんどう》　薬師寺の本尊である薬師三尊像を祀るお堂のこと。1528年に焼失し、その後、仮金堂が建てられた。1968年から始まった百万巻お写経勧進による薬師寺金堂復興により仮金堂は解体され、1976年に現在の金堂が再建された。

（9）大医王仏《だいいおうぶつ》　薬師如来の別称。医王善逝《いおうぜんざい》、医王如来《いおうにょらい》などの別称もある。

（10）医薬分業　薬の処方と調剤を分離し、それぞれを医師、薬剤師という専門家が分担して行うこと。医薬品の使用を二重チェックすることで、薬の安全性や効果を高める。

（11）保険薬局　保険指定を受けた薬局であり、薬剤師が「健康保険法」に基づく療養の給付の一環として、保険調剤業務を取り扱う薬局のこと。

（12）サントリー　ここでは、サントリーホールディングスおよびサントリーグループの会社を指す。

（13）高度薬学管理機能　がん、HIV、難病などの専門的な薬物療法を提供可能な機能のこと。

（14）CBL研修　Case Based Learning（症例基盤型学習）研修。臨床症例を基にした研修のこと。

（15）調剤報酬　医科や歯科と並んで診療報酬を構成する要素の一つで、保険薬局における調剤技術・薬学管理業務等の対価として支払われる報酬のこと。

(16) 診療報酬　保険診療の際に医療行為等の対価として支払われる報酬のこと。

(17) 院内調剤　病院・クリニック・診療所内の調剤所で医薬品の調剤をすること。

(18) 敷地内薬局　医療機関の敷地内にある保険薬局のこと。

(19) 在宅医療　医療機関ではなく自宅等で治療を行うこと。

(20) 認定薬局　地域連携薬局および専門医療機関連携薬局のこと。

(21) 認定薬剤師　良質な薬剤師業務を遂行するため、一定の期間内に定められた研修制度の単位を取得したことを認定された薬剤師。また、介入した症例報告や試験を受け専門学会等から認定を受ける場合もある。

(22) 健康サポート薬局　かかりつけ薬剤師・薬局の機能に加えて、市販薬や健康食品、介護や食事・栄養摂取に関することまで気軽に相談できる、厚生労働大臣が定める基準を満たし、都道府県知事に届け出をしている薬局のこと。

（23）ＭＲ　Medical Representatives（医療情報担当者）。製薬会社などに所属して医師や薬剤師などの医療関係者に対し自社の医薬品について情報を伝えるのが主な役割。

（24）ＣＳＯ　Contract Sales Organization（医薬品販売業務受託機関）。ＭＲを製薬会社に派遣したり、医薬品の営業・マーケティング関連のアウトソーシングサービスを提供したりする企業のこと。

（25）ＣＲＯ　Contract Research Organization（開発業務受託機関）。製薬会社から医薬品開発における臨床試験や製造販売後調査の業務を受託している企業のこと。

（26）一般用医薬品　一般の方が保険薬局、薬店、ドラッグストア、インターネットなどで購入し、自らの判断で使用できる医薬品のこと。

（27）調剤センター　電子的に処方箋情報を集約し、全国の医療機関から発行された処方箋の調剤業務を集約して行う場所。

《著者紹介》

中村 勝（なかむら まさる）
クオールホールディングス株式会社 取締役会長

昭和17（1942）年10月4日生まれ。
平成4年10月 クオール株式会社設立、代表取締役社長就任。
平成22年7月 一般財団法人礼法弓術弓馬術小笠原流理事 就任（非常勤・現任）。
平成24年5月一般社団法人日本保険薬局協会 会長 就任。医療用医薬品の流通改善に関する懇談会委員 委嘱。
平成25年4月 一般財団法人東京薬科大学付属社会医療研究所教授 就任（非常勤・現任）。
平成27年4月 横浜薬科大学客員教授 就任（非常勤）。
平成28年6月 クオール株式会社代表取締役会長CEO 就任。
平成30年10月 持株会社体制移行に伴い、クオールホールディングス株式会社代表取締役会長 就任。
令和2年7月 クオールホールディングス株式会社取締役会長 就任（現任）。
令和5年4月 公立大学法人奈良県立医科大学MBT特命教授 就任（非常勤・現任）。

評言社 MIL 新書 Vol.015

クオールの挑戦

2024 年 1 月 16 日　初版　第 1 刷　発行

著　　者　中村　勝
発 行 者　安田 喜根
発 行 所　株式会社 評言社
東京都千代田区神田小川町 2-3-13 M&C ビル 3F
（〒 101-0052）
TEL 03-5280-2550（代表）　FAX 03-5280-2560
https://www.hyogensha.co.jp
企画制作　株式会社 エニイクリエイティブ
東京都新宿区四谷 1-3 望月ビル 3F（〒 160-0004）
TEL 03-3350-4657（代表）
http://www.anycr.com
編集協力　鷲山　淳（株式会社 REGION）、高原暢彦
印　　刷　中央精版印刷 株式会社

©Masaru NAKAMURA 2024 Printed in Japan
ISBN978-4-8282-0740-7 C3234
定価はカバーに表示してあります。
落丁本・乱丁本の場合はお取り替えいたします。